Theory and Practice of
Organizational Counseling

キャリアを支える カウンセリング

組織内カウンセリングの理論と実践

道谷里英 Rie Michitani

ナカニシヤ出版

はじめに

　産業構造の変化やグローバル化の進展，技術革新スピードの高まりによって雇用環境の変化が激しい現代において，働くことに関わる課題やストレスは増加傾向にある。近年では，ストレスチェック制度が労働安全衛生法の改正により義務化される（厚生労働省, 2015a）など，働く人々の心身の健康やwell-beingへの社会的な関心が高まっており，職場における従業員支援の必要性がよりいっそう強まっていると考えられる。

　本書では，変化の激しい社会に生きる従業員を支援するために，産業・組織心理学およびカウンセリング心理学の知見を踏まえて，従業員への相談体制を構築・充実させる視点を提供することを試みた。具体的には，働くことに関する心理学を土台とするキャリア発達と組織社会化に基づいた研究と事例を通して，従業員の適応の改善，特に若年就業者の適応支援の方策を検討した。キャリア発達や組織社会化を支援するためには，医学や臨床心理学の専門家による支援だけでは限界があり，個人が働く環境への深い理解を踏まえた支援が行われる必要がある。事業内容や組織，仕事の知識をもった人材を活用しながら，個人として働くことやキャリアを積んでいくことと，組織人として生きることの両面から支援することを，方針として明確に示した相談体制を構築することが，組織内カウンセリングが機能する上での鍵となると考える。

　企業・組織内での相談機能の歴史は長いため，筆者のこうした主張は決して新しいものではない。その一方で，組織内での相談機能にはさまざまなイメージや風評がつきまとっていることも事実である。例えば，日本産業カウンセラー協会（2009）が実施した調査によれば，カウンセリングを受けることに対する抵抗感は依然として強いことが示されている。これは日本に限ったことではない。英国においては，カウンセリングを受けるクライエントであることは不名誉であるという社会的な偏見が存在し，それが，組織におけるカウンセリングの利用にも影響しているという（Coles, 2003）。従業員支援の充実が求められている現状において，組織内にカウンセリングという支援体制を導入するあり方を改めて問い直す必要があると考える。

　そこで，組織における役割や職場への適応に関する知見が蓄積されている組織社会化研究と，生涯にわたるキャリア発達に関するアプローチをもとに，適応を促す

要因について検討した上で，適応を支援するための方策として予防的な視点を強調した組織的なカウンセリング（オーガニゼーショナル・カウンセリング）を取り入れることを提案する。そして，その実践例と課題についても検討する。なお，本書は組織で起こりがちな諸問題への具体的な対応事例や支援技法（例えば，メンタルヘルス不調者への対応，キャリア形成支援のための方策など）を紹介するものではない。主として，従業員の適応支援のための組織的なカウンセリングの展開方法や，組織内でカウンセリングを活用する際の考え方を提示するものである。

　本書は序章と六つの章からなり，主な内容は以下の通りである。

　まず序章では，組織内カウンセリングの歴史を人事管理との関連からたどる。働く場でカウンセリングがどのように位置づけられてきたのかを知ることが，これからの組織内相談体制構築の一助になると考えるからである。そして，第1章では，企業や団体においてより充実した従業員支援が必要とされる背景について述べる。第2章では，キャリア発達と組織社会化の視点から生涯にわたる適応を支援するために必要と考えられる理論や先行研究を概観し，第3章で筆者が行った実証研究に基づいて，主に若年就業者を対象としたキャリア発達と組織社会化を促す要因について述べる。第4章では，組織内カウンセリングの定義や特徴，および組織内カウンセリングを機能させるための理論的基盤としてのオーガニゼーショナル・カウンセリングについて述べる。第5章では，オーガニゼーショナル・カウンセリングの実践事例と実証研究を紹介する。第6章では，組織内での従業員支援における今後の課題を述べる。

　なお本書は，筆者が博士課程で実施した研究と，日本学術振興会科学研究費補助金（基盤研究C：25380524）の助成を受けて実施した研究を統合して執筆されたものである。

　本文に先立ち，この度の出版をご快諾くださり，本書の意義についてご理解いただいたナカニシヤ出版編集部長の米谷龍幸様と編集部の由浅啓吾様，およびナカニシヤ出版編集部の皆さまに心より感謝申し上げる次第である。

2018年6月

道谷里英

目　次

はじめに　*i*

序　章　組織内カウンセリングの歴史 ── *1*

1　米国での組織内カウンセリングの歴史　*1*
2　英国での組織内カウンセリングの歴史　*4*
3　日本での組織内カウンセリングの歴史　*5*

第1章　働く環境がもたらす新たな課題 ── *9*

1　産業構造の変化が働き方やキャリアにもたらす変化　*9*
2　ダイバーシティの高まり　*11*
3　従業員の心身の健康に関わる問題の増加　*12*
4　教育機関から働く場への移行の困難さ　*13*
5　組織社会化と生涯キャリア発達の両面から支援する必要性　*14*

第2章　キャリア発達と組織社会化の理論的検討 ── *17*

1　キャリア発達アプローチ　*17*
2　組織社会化研究からのアプローチ　*22*

第3章　大卒若年就業者のキャリア発達についての研究 ── *31*

1　大卒若年就業者のキャリア発達の統合的プロセス：研究①　*31*
2　若年就業者のキャリア・アダプタビリティ尺度の作成：研究②　*48*
3　キャリア発達と組織社会化および適応との関連性：研究③　*55*
4　キャリア発達と組織社会化を支援するための組織におけるカウンセリング　*69*

第4章　キャリア発達と組織社会化を支援する組織内カウンセリング　*71*

1　オーガニゼーショナル・カウンセリングの必要性　*71*
2　組織におけるカウンセリングの特徴や効果および課題　*72*
3　オーガニゼーショナル・カウンセリングの導入モデル　*81*

第5章　オーガニゼーショナル・カウンセリングの実践的検討 ── *85*

1　企業・団体におけるオーガニゼーショナル・カウンセリングの実践例　*85*
2　オーガニゼーショナル・カウンセリングの実践度に関する実証的研究：研究④　*98*
3　オーガニゼーショナル・カウンセリング導入事例：公的機関における職員相談員制度　*105*

第6章　今後の課題 ───────────────────── *111*

1　組織内カウンセリングの実践における今後の課題　*111*
2　組織を支援できる支援者の育成に向けて　*112*

コラム：英国におけるオーガニゼーショナル・カウンセリングの実践例：Post Office（現 Royal Mail Group）　*84*

あとがき　*115*
初出一覧　*120*
参考文献・URL　*121*
事項索引　*132*
人名索引　*133*

序　章
組織内カウンセリングの歴史

> 序章として，組織内カウンセリングの歴史を米国，英国，そして日本について振り返り，どのような社会・経済的状況の中でカウンセリングが組織に導入されて現在にいたるのかを振り返る。

1 米国での組織内カウンセリングの歴史

　本書で紹介する研究と実践の背景となっている仕事や組織でのカウンセリングのルーツは，パーソンズ（Persons, F.）の職業ガイダンス運動にあるとされている。この運動は，農業中心の社会から工業化社会へと転換した19世紀の終わりから20世紀の初めにおいて，個人が職を探し，仕事につくことを支援する必要性が高まったことから生まれた。パーソンズは1908年にボストンで職業相談所を開設し，「科学的」とされる根拠に基づき効果的に仕事を選べるよう支援した。当時は，物理的にも経済的にも困難な状況にあった移民や，子どもたちの労働に焦点があたっていた（Herr et al., 2004）。また，同時期に教育測定運動や精神衛生運動が起こり，心理学を産業分野において応用しようとする動きも活発な時代であった。

　工業化の進展によって，組織の人事機能にも変化が起きた。当時，大規模組織（主に工場）を運営する企業であったとしても，働く人を対象とした公式な部門は設置されていなかった。しかし生産の機械化を支える半熟練・不熟練労働力を大量に雇用した企業内では多くの管理上の問題が生まれ，労使関係が悪化していた。そこで労使関係を安定化させるために福利厚生を提供する部門（industrial welfare work）が生まれたという（岩出，1989）。同時に「科学的」管理法を実践する上で必

要となる機能を集約した採用,給与支払い,勤怠管理を行う雇用に関する独立した部門(employment office)がつくられた(Kaufman, 2007)。

このような企業の人事機能が独立していく流れと合わせて,1914 年には,最初の産業場面における成人を対象としたカウンセリングプログラムがフォード社で導入され,法律問題や家族,個人的な問題を抱える社員への支援を提供した(Bellows, 1961;Gerstein & Shullman, 1992)。また,1920 年代には,ソーシャルワーカー,精神科医や心理学者など多様な支援の専門家が含まれたメンタルヘルスプログラムが,メトロポリタン生命保険や R. H. メイシー&カンパニーで導入された(Dunnette & Kirchner, 1965;Gerstein & Shullman, 1992)。

従業員に対するカウンセリングプログラムが全米に拡大する契機となったのは,1936 年にウェスタン・エレクトロニック社(以下,WE 社)のホーソン工場で導入された人事相談制度(personnel counseling)である。ホーソン研究を通じて行われた面接計画が労使関係を改善する効果があると判断され,人事相談が人事制度の一つとして導入されることになったのである(Gillespie, 1991)。ディクソンとレスリスバーガー(Dickson & Roethlisberger, 1966)によれば人事相談制度は,適切な労務管理を目的とした「人間問題の人間的解決を目指したもの」である。そして,そのためには経営組織における人間状況(human situation)の「正しい」診断が要求される。人事相談制度は,まさにこの診断を担当する労務の特定職能(the specific function of personnel work)として提起されたものであった(進藤, 1976)。これは,従来型の人事管理において無視されていた社会的存在としての従業員という捉え方を具現化したものであり,人間関係論で示された非公式組織の影響も含めて,従業員を理解する方法として導入されたと考えられる。また,ホーソン研究の面接計画でも導入されたロジャースが提唱した非指示的カウンセリングによって,従業員のモラール向上が図られたことも,この制度の導入を後押ししていた(Highhouse, 1999)。

しかし,WE 社が人事相談制度に最も期待していたことは,従業員の不満が一般化された苦情になることを防ぎ,従業員と監督者との間の緊張を緩和することによって,従業員間の団結を防ぐことにあった(Gillespie, 1991)。

その後,WE 社における人事相談制度は 3 期 20 年にわたって実施され 1956 年に廃止された(最後の 3 期は再評価期間として位置づけられていた)。そしてその結論として,「監督者・管理者の責任を,人間関係・労使関係を含む職務のすべての面について一層重視し,かつ人間関係・労使関係訓練を目指す管理者育成計画を多

くする」ことが示された。つまり，このことは結局相談計画の批判的再評価の結果であり，20年に及ぶ活動をもってしても，組織上に確固たる地位を占めるに至らなかったという（進藤, 1976）。そして，応用心理学の領域において1940年代に広く知れ渡った人事相談も，1960年代になると実質的に姿を消していく（Highhouse, 1999）。その理由をハイハウス（Highhouse, 1999）は以下の3点にあると指摘している。第一に，制度を急拡大したため訓練されていないカウンセラーが増え，研究の機能が失われたことにより経営層とのコミュニケーションが絶たれたこと，第二にカウンセラーが活動の価値を明確に示せなかったこと，第三に組合や監督者がカウンセラーの役割に取って代わったことである。

このようにレスリスバーガーが当初期待した人事の一機能としての人事相談制度の構築という方向はいったん頓挫してしまったもののこの制度の最大の成果は，監督層の人間関係スキルの向上にあったと評価する見方（進藤, 1976）もあり，労務管理に対して一定の影響を与えたことは確かであろう。

一方，上記とは別の流れとして1940年代から主要企業ではアルコール依存症対策の活動が始まっていた。当初 occupational alcoholism program（OAP）とよばれたこの活動は，現在の従業員支援プログラム（employee assistance program, 以下，EAP）の初期の形態であるとされている。基本となる活動は，職場の管理者によって実施され，治療のために専門家を紹介するというものである。早期に病気である可能性を指摘することに対して管理者が用心深い傾向はあったが，各企業で大きな成果を上げた（Lewis & Lewis, 1986）。

そして，1980年代になると，アルコール依存症だけでなく援助を必要とする多様な問題に対応した広範囲（broad blush）の従業員支援プログラムへ変化した。範囲を広げることによって，結果として人事相談機能も含む形でEAPが拡大していったと考えられる。

1990年代以降，カウンセリング心理学において起きた注目すべき変化は，組織レベルの介入への志向性の高まりである（Cooper et al., 2012）。この傾向には，二つの主要な理由が指摘されている。第一に，メンタルヘルスへの予防的なアプローチの価値や必要性への気づきの高まりである。第二に，カウンセリング心理学が，発達的かつ予防的な伝統をもつと同時に，健康的な組織づくりに有効な技術や知識を豊富にもっていることである。具体的には，従業員支援の重点は，個人的な障害に重きをおくことから，従業員の健康と職場の生産性の促進に広く焦点をあてることへと変化し，従業員支援専門家の役割や機能が，個人からより組織的な観点に焦点

をあてるように発展している（Ginsberg et al., 1999）。

さらに，近年では，より組織的なニーズにこたえるため，コンサルタントとしてのカウンセラーの役割に対する提言が多くみられ，アメリカ心理学会（APA）による博士レベルのコンサルティング心理学教育プログラムに対するガイドラインも示されている（American Psychological Association, 2007, 2017）。

2 英国での組織内カウンセリングの歴史

英国の組織内カウンセリングの歴史は，これまで十分にまとめられておらず，たいていは文献内の数ページ程度である。これは，職場でのカウンセリングがゆるやかに進化し，大規模なサービスや実践の連携というよりはむしろ，個別に活動する実務家や組織を通じて成長してきた活動であることを示している（Coles, 2003）。実際の個別企業での取り組みの歴史をみると，組織内カウンセリングは福利厚生施策（welfare service）の延長に位置づけられていることがわかる。そこで，まずは福利厚生を含む英国労務管理の特徴を確認する。

米国のような科学的管理法が労務管理部門の生成を後押しした動きとは異なり，英国の労務管理の原点は，「産業福祉（industrial welfare）」にあるとされる。産業革命後，各地に成立した工場村には，従業員を誘致・定着させるために住宅や学校，レクリエーション施設を中心に，教会，図書館，共同浴場，軽食堂，医療施設，疾病給付などが建設・導入されていた。これらの福祉厚生施策は温情主義的な価値観を表現したものと指摘されることが多いという。しかし，一方で，福利厚生施策を導入することによって，よき従業関係（employee-employer relations）を形成し，安定的な生産基盤を確保する役割をはたしていた（岩出, 1991）。

さらに，第一次世界大戦時の1915年に設置された「軍需工場労働者の健康に関する委員会（The Health of Munition Worker's Committee）」では，医者・心理学者・生理学者などの協力によって，労働時間・作業条件が労働者の健康と能率に与える影響について調査・研究が行われ，産業福祉の作業能率向上に対する有効性を証明した。この結果，産業福祉は博愛的使用者による温情的な従業員福祉ではなく，労働者の能率向上との関連で理解されるべき労働管理施策であるとする認識が促された。

英国における組織内カウンセリングは，以上のように産業福祉を土台として生まれ，企業内部で自社の従業員に合わせて提供する歴史が長く，外部サービスの導入

は米国と比較するとゆっくりとしたものだった（Kinder, 2007）。

1980年代以降，英国でも EAP 導入が積極的に行われたが，その内容は米国のアルコール依存症に焦点をあてたサービスよりも広範なものであった。一つのレンズ（アルコールなど）を通じてみるだけでは，人々が本当に取り組むべき問題を見逃す可能性があるという立場にたっていたためである（Winwood & Beer, 2008）。

その結果，職場におけるカウンセリングが浸透していくにつれ，組織の文脈でカウンセリングを行うことが，他の状況とどのように違うか，という点について言及した数多くの文献が発表されるようになった（Carroll, 1995；Orlans, 2003；Kinder, 2005；Palmer & Gyllensten, 2009）。例えば，キャロル（Carroll, 1995）によれば，組織と他の領域との違いは，次の4点に整理されている。第一に，境界，役割とカウンセリングが行われている組織への理解，第二に，その中で活動するための十分な組織的な実態への理解，第三に，カウンセリングの提供を介して組織でうまく交渉することができること，第四に，組織の状況でカウンセリングの評価をする際の手順である。

その後，British Association for Counselling and Psychotherapy（BACP）により職場におけるカウンセリングのガイドライン（Hughes & Kinder, 2007）が示され，組織という文脈においてカウンセリングを実践・導入する上での基本的な原則がまとめられた。

3 日本での組織内カウンセリングの歴史

日本で本格的に組織におけるカウンセリングが導入されたのは，第二次世界大戦後，当時米国で広まっていた人間関係論やその人事労務実務への応用としての産業人事相談（industrial counseling）が流入した1950年代とされる（藤本, 1961）。そこで，本節では戦後の日本企業の労務管理と関連させながら，組織内カウンセリングの歴史をたどる。

戦後の日本企業は，経営福祉主義の理念のもと（間, 1971），労働力不足への対処もあって，経営福祉の充実に努めていた（森本, 1999）。1950年代になると，当時米国で先端的なマネジメント手法として流行していた人間関係管理技法が日本へ積極的に導入された。具体的には，態度調査，提案制度，小集団活動などであり，人事相談制度はその一つに数えられていた（山田, 1962）。いわゆる人間関係論ブームの中で，人事相談制度の日本企業への導入が進んだのである。戦前から人事相談を導

入していた企業（八幡製鉄所や東邦電力）もあったが，いわゆるカウンセリングが導入されたのは戦後においてであり，当時の電電公社での 1945 年の試行実施が，その始まりであるとされる。その後，1956 年には国際電電，1957 年には松下電器，明電舎，神戸製鋼所などに相談室ないし相談役がおかれるようになった（菅原, 1968）。当時は「人事相談」や「産業人事相談」とよばれ，「職制外の第三者的立場に立つ人をカウンセラー（相談員）として，従業員の生活上の悩みや不満を打ちあけさせ，それを解決する上で，援助を与えようとする制度である」とされている（山田, 1962）。

　1966 年に労働省が実施した従業員規模 500 人以上の全企業 2,598 社を対象とした調査によれば，何らかの形で相談制度や産業カウンセリングを導入している企業は 48％に上り，急速に普及していたことがわかる（労働省婦人少年局, 1967）。その反面，課題も指摘されていた。上記調査では，正式に人事相談制度や産業カウンセリングを導入している企業を対象に，導入後の問題点もたずねている。その回答では，企業の目的である生産性向上や利潤の追求と，カウンセリングの目的との間のズレや，カウンセリングというものを従業員に周知徹底する必要性が最も多く指摘されており（菅原, 1968），経営活動に人事相談制度を位置づけることの困難が読み取れる。

　また，充実した相談体制を整備できたのは大企業に限られていたため，より幅広くこの活動を広めていこうと，職場において上司と部下との意思疎通に役立つテクニックとしてカウンセリングが紹介されるようになる（藤本, 1961）。1970 年から 1980 年にかけては，各企業においてリスナー教育（心理療法の分野で注目されてきた積極的傾聴を現場の管理職など一般の人々に活用してもらうための教育）が積極的に展開され，この流れは現在にも続いている（三島・久保田, 2002）。

　一方，高齢化の進展やストレスに起因する労働災害の増加を受け，1988 年には健康保持増進のための指針（労働省, 1988）の中で心とからだの健康づくり運動（THP：Total Health promotion Plan）が示され，安全衛生管理の一機能として心理相談が社内体制に位置づけられるようになった。さらに，ストレスによる健康障害の増加を背景に，「事業場における労働者の心の健康づくりのための指針」が示された（労働省, 2000）。この指針では事業場外資源として EAP 機関が明示されたことにより，社内でメンタルヘルスケアを導入する資源をもたない企業にもメンタルヘルスケアに取り組む方法が示された。しかし，メンタルヘルスケアを導入する企業の割合は 2016 年時点で 56.6％であり，事業所規模別にみると，100 人以上では 90％を超える導入率であるのに対し，50 人から 99 人では 85.2％，30 人から 49 人では 62.5％，10 から 29 人では 48.3％であり，規模による格差が大きい状況である（厚

序　章　組織内カウンセリングの歴史　　7

生労働省,2017a)。さらに，1980年頃から，中長期的な人材育成を目的としたキャリア開発支援施策の一つとして，キャリアカウンセリングの重要性が叫ばれるようになった（横山,1988)。

近年では，職業能力開発法に基づく技能検定試験対象の一つで，キャリアカウンセリングの専門性を認定するキャリアコンサルタント資格が2016年より国家資格化され（厚生労働省,2015b)，組織で働く人々にキャリア形成を促す機会をつくり出すことが期待されている。

以上のことから，日本の多くの企業は米国からカウンセリングの考え方や制度を導入したが，受け入れた組織の状況は英国と近く，戦後の従業員福祉を重視する経営方針と人間性重視の人事方針を具現化する一方策として，カウンセリングの専門家や管理監督者を通じてカウンセリングが職場に浸透していった。本書の第4章でも紹介するように近年では企業が直面する人事課題を解決する多様な方策の一部にカウンセリングが組み込まれ，特に安全衛生部門（メンタルヘルスケア）を中心に多方面にわたってその活動が展開されている。活動範囲の広がりは，同時により幅広い専門性や利害の異なる関係者との対話・交渉能力を要求する。職場におけるカウンセリングの担い手の質向上がますます課題となると考えられる。次章以降で紹介する研究・実践もその一助となることを意図したものである[1]。

---

1) 読者の中に，日本の組織内カウンセリングの歴史にはキャリア支援に関する記述があるにもかかわらず，米国や英国の歴史にその記述がないことに違和感を覚える方がおられるかもしれない。これは，キャリア支援サービスの歴史と専門家の活動範囲に由来する。米国や英国においては，失業率が高まる度（大恐慌や大戦後など）に雇用対策の一環として行政主導の就職，再就職支援サービスや教育機関におけるキャリア教育が展開，充実してきた歴史がある。その結果，組織内よりも行政や外部キャリア支援サービスが主流であることから，組織内カウンセリングの活動としてキャリアに関する記述が少ないと考えられる。しかし，近年のメンタルヘルス予防を重視する流れを受けて，キャリアとメンタルヘルスを融合したカウンセリングの重要性が指摘されている（Zunker,2008)。また，キャリア支援サービスの担い手の多くはカウンセリング心理学者だが，組織内カウンセリングの担い手は臨床心理学者が中心であり，カウンセラーの専門領域の違いが活動範囲の違いとして表れていることも指摘されている（Jayasinghe,2001)。日本においては，終身雇用によって失業率の低い時代が続いたため，行政主導のキャリア支援サービスの充実よりも前に，企業内キャリア開発の一環としてのキャリアカウンセリングが注目されるようになったという背景がある。またカウンセリングの担い手は心理学者に限定されないため，現場での必要に応じてカウンセリングの内容が広がり，多様な担い手によって運営されてきたことが特徴であると考えられる。

第1章
働く環境がもたらす新たな課題

> 第1章では,組織内カウンセリングが必要とされる社会・経済的な背景や課題を考察し,どのような支援が職場において求められているかについて述べる。

1 産業構造の変化が働き方やキャリアにもたらす変化

　序章では20世紀初頭の工業化社会への転換期以降に導入された組織内カウンセリングの歴史について簡単に振り返った。現在,私たちは第4次産業革命ともよばれる,IoT(Internet of Things),ロボットやAI(人工知能),ビッグデータといった技術革新による産業構造の変化に直面している。AIやロボットなどの活用によって,定型労働に加えて非定型労働においても省人化が進展し,これらの技術を使いこなしながら働く仕事や,これまで以上にその価値が見出されるであろう対面の仕事など新たな雇用ニーズがうまれる一方,求められるスキルが変化していく可能性も指摘されている(経済産業省経済産業政策局産業再生課,2016)。こうした変化は1990年代のIT化やサービス産業化が進展し始めた時期から予測されていたが,その変化のスピードがますます速まっている。

　このような動きは人々の働き方やキャリアにどのような変化をもたらすだろうか。既存の業種や事業の枠組みそのものが変化する産業構造の変化が進めば,一つの組織や事業のみで職業人生をまっとうするような働き方は一般的ではなくなり,職場や仕事の変化に適応しながら自ら人生を構築するという意識が強く求められるようになっていくだろう。バウンダリーレス・キャリア(Arthur, 1994;Arthur & Rousseau, 1996)やキャリア自律(Waterman et al., 1994;花田,2001),プロティア

ン・キャリア（Hall, 1996），カレイドスコープ（Sullivan & Mainiero, 2008）といった概念がすでに示されているように，流動化した社会の中でいかに主体性を保ちながら自らのキャリアを築いていくかが課題となっている。

　キャリアや働くことに関わる研究者や実践家たちは，このような背景を踏まえて，社会構成主義に基づくキャリアの理論や，ワーキング心理学とよばれるこれまで見過ごされてきた働くことに関わる心理的問題を取り上げようとするアプローチに注目している。

　例えば，サビカス（Savickas, 2012）は，今日のキャリアカウンセラーは従来型の支援とは異なる支援が求められていることを指摘している。それは，パーソナリティ（personality）よりもアイデンティティ（identity）に，成熟（maturity）よりもアダプタビリティ（adaptability）に，決定（decidedness）よりも意図性（intentionality）に，心理検査の得点（score）よりも物語（story）に集中することであると述べている。そして，認識論的立場にたって，職業行動に関する心理学的アプローチをライフデザイニング（life designing）と名づけ，以下の五つを特徴として示している。五つの特徴とは，文脈のもつ可能性（contextual possibilities）やダイナミックなプロセス（dynamic processes），直線的でない前進（nonlinear progression），多面的視野（multiple perspectives），個人のパターン（personal patterns）に着目することである（Savickas et al., 2009）。こうしたアプローチは，クライエントが自らの生き方を物語として表現し，作り変え，そして行動できるように支援することを重視しており，客観的な助言やテストには重きをおいていない。クライエントの主体性をより強調したアプローチであるといえるだろう。

　企業活動にとっても，変化する環境に適応できる人材を育成・定着させることが，企業の競争優位の源泉になる。特に日本においては労働力不足が深刻化し，優秀な人材の確保や定着が課題となっている。また転職者の増加やさまざまな事情で休職・復職した人材への支援，制約が生じたためにフルタイムで働くことができなくなった従業員への対応など，個別性の高い人事管理や支援が求められている。優秀な人材を確保し，定着させるためには，こうした個別の事情への配慮がますます求められるようになっていくと考えられる。

　以上のことから，組織内カウンセリングにおいては，社会環境の変化にともなって生じたキャリアや働くことの変化を踏まえ，従業員の生涯にわたる人生を視野に入れながら，個人の主体的なキャリア形成を個別に支援する姿勢が求められているといえるだろう。

2 ダイバーシティの高まり

　女性の社会進出や障害者雇用の促進，グローバル化の進展などによって，職場を構成するメンバーの多様性はますます高まっている。近年では，LGBT（Lesbian, Gay, Bisexual, Transgender）とよばれる多様な性的志向をもった労働者が働きやすい職場づくりを目指す取り組みが人事分野でも注目されている。

　一方で，こうした支援を必要とする人々にとって働きやすい環境をつくるためには，個別支援だけでは限界がある。例えば，LGBT 労働者にとって，職場で自らの性的志向を開示するかどうかは差別につながる可能性があるため，重要な問題であるとされる。実際の性的指向の開示には職場内の偏見が影響しており，LGBT 労働者を活用する上での職場風土の重要性が指摘されている（Chung et al., 2015；Gates, 2014）。

　職場風土の影響については，障害者差別への対応に関する文献においても指摘されている。例えば，障害者の抱える困難は，同僚からのネガティブな反応によって影響が強まるという（Hagner, 2003）。そのため，障害者への支援として，雇用主は仕事上の便宜に対する正当性を同僚が理解できるようにし，便宜の導入において合理性を保つことや，障害をもつ労働者が職場のサポート源とつながりをもてるように支援すること，障害をもつ労働者自身が支援に対する感謝を表現し，必要に応じて主張できるような社会的スキルを教えることといった内容が示されている。

　日本では，2016（平成28）年に民間企業に雇用されている障害者の数が前年より4.7％増加し，13年連続で過去最高となっている。また，雇用者のうち身体障害者は対前年比 2.1％増，知的障害者は同 7.2％増，精神障害者は同 21.3％増と，いずれも前年より増加し，特に精神障害者の伸び率が大きい（厚生労働省, 2016a）。

　増加傾向にある障害者の雇用を継続させるために，企業ではさまざまな工夫が行われている。例えば，東京都では，中小企業の障害者雇用を促進するため，「オーダーメイド型障害者雇用サポート事業」を通じ，障害者雇用に専門的な知識を有する支援員が，企業の状況に応じて雇用前の職場の環境調整から雇用後の定着支援まで継続的に支援を行い，その実施状況をまとめ普及啓発する取り組みを行っている（東京都産業労働局, 2014）。このような個別的な調整とともに，多様な労働者を受け入れる組織では，支援を受けない労働者の不公平感にも十分に配慮し，職場風土を悪化させることのないような取り組みが求められているといえるだろう。

3 従業員の心身の健康に関わる問題の増加

世界保健機関（WHO）によれば，精神障害は，すべての地域および文化で起きており，最も多いものはうつや不安に関する障害で，地球上の人々のほぼ10人に1人（6.76億人）が罹患していると推定されている（WHO, 2016）。

日本においては，2015（平成27）年度の労災補償請求件数のうち，精神障害による事案が1,515件にのぼり，増加傾向（前年比59件増）が続いている（厚生労働省, 2016b）。また，強い不安，悩み，ストレスを感じている労働者の割合は，60.9％を占めている（厚生労働省, 2012）。メンタルヘルス不調により連続1か月以上休業または退職した労働者がいる事業所の割合は，全体では8.1％だが，企業規模別にみると，500人以上の事業所規模では約8割を超える割合となっている（厚生労働省, 2012）。

地方公務員の長期病休者の状況をみると，精神および行動の障害による休業が約5割を占める（地方公務員安全衛生推進協会, 2015）。メンタルヘルス不調を発症するきっかけはさまざまであるが，職場異動や立場の変化が生じた際にはストレスを強く受けやすいことが指摘されており（松崎, 2010），変化に適応する際に生じる困難や負担が不調の背景にある。

近年の職場におけるメンタルヘルス対策は，精神疾患や職場不適応などの予防・回復だけでなく，労働者や組織の活性化を目指したものに移行しつつあるという（大塚, 2012）。従業員の健康を経営課題として認識する企業も増加している。経済産業省は東京証券取引所と共同で，従業員健康管理を経営的視点で考え，戦略的に取り組んでいる企業を「健康経営銘柄」として選定し公表するなど，政府もこの動きを後押ししている（経済産業省, 2016）。そして，2015年度にはストレスチェック制度が義務化された。厚生労働省が発表した指針には次のように述べられている。

> メンタルヘルス不調の未然防止の段階である一次予防を強化するため，定期的に労働者のストレスの状況について検査を行い，本人にその結果を通知して自らのストレスの状況について気付きを促し，個々の労働者のストレスを低減させるとともに，検査結果を集団ごとに集計・分析し，職場におけるストレス要因を評価し，職場環境の改善につなげることで，ストレスの要因そのものを低減するよう努めることを事業者に求めるものである（厚生労働省, 2015a）。

このように事業者に対して組織的にメンタルヘルスケアを行うことを強く求める

内容となっており，小規模事業所も含めてメンタルヘルス対策が進む契機になるであろう。2017（平成29）年7月に初めて公表されたストレスチェック制度の実施状況によれば，ストレスチェック制度の実施が義務づけられた事業所のうち，実施報告書が提出された事業所は82.9%であった。企業規模別の内訳は，50-99人の事業所で78.9%，100-299人では86.0%，300-999人では93.0%，1,000人以上では99.5%となっていた（厚生労働省，2017b）。

その一方で，義務化されたことで，ストレスチェックを実施することが目的となり，制度の主旨に対する十分な理解が得られないまま運用されるおそれもある。企業のメンタルヘルス不調発生の原因に対する認識は，本人の性格という指摘が最も多い（労働政策研究・研修機構，2012）。つまり，誰もが予期せぬ変化に直面すればストレスを強く感じ，メンタルヘルス不調に陥る可能性があるにもかかわらず，不調の原因を個人的なものとする見方がいまだに強いことがわかる。ストレス反応が個人的要因としてのみ解釈されてしまう可能性があるのであれば，各事業所が従業員の健康支援に取り組む意義と方法についてさらなる議論を行うことが求められるだろう。

4 教育機関から働く場への移行の困難さ

新卒者の約9割が教育機関を卒業した年の4月に企業などに雇用される「新卒一括採用」が主流の現在の日本の採用システムにおいては，「学び」から「働き」の場への移行をどのように進めるかが，その後の個人の職業生活や組織の人材育成に大きな影響を与える。

しかし，若年就業者の職場への定着は多くの企業・団体において課題となっている。新卒で就職した者のうち，就職から3年以内に離職した者の割合は大卒者で30%を超える水準が継続している（厚生労働省，2017c）。教育機関から社会への移行期は，若年就業者のキャリア発達において探索段階であるため，自身が納得できる職場をみつけるための試行を繰り返す可能性は十分にある。その一方で，あまりに早期の離職はその後のキャリア形成にマイナスの影響を及ぼす可能性も指摘されている。例えば，労働政策研究・研修機構（2017）によれば，最初の正社員としての勤続期間が長かった者ほど，離職後すぐの再就職の割合は大きく，この傾向は男性に顕著であるという。具体的には，現在の勤務先に入職するまで3年以上の期間がある者は，最初の正社員としての勤続期間が1年以内の離職者では40%であるが，4年を超える勤続期間の離職者では2%と少ない。このように，早期離職者は次の

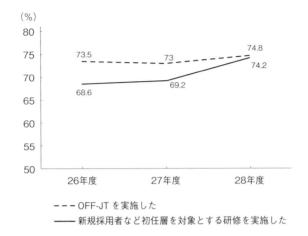

図1-1　新卒採用者などへの研修の実施率の推移
(出典:厚生労働省「能力開発基本調査」(平成26年度,平成27年度,平成28年度版)より筆者作成)
注:上記新卒採用者などへの研修の実施率は,OFF-JTを実施した事業所に占める割合を示す。

勤務先をみつけるまでに時間がかかるという結果が示されている。

　このような状況に対して,行政や民間においてさまざまな取り組みが行われている。2011(平成23)年度に大学設置基準が改正され,教育課程の内外を通じて社会的・職業的自立に向けた指導などに取り組むことが義務づけられた(文部科学省,2010)。また,2015(平成27)年度には魅力ある職場づくりを通じて従業員の職場定着支援を促す取り組みが始まり,研修制度やメンター制度などの雇用管理制度の導入に対する助成金が支給される仕組みが整えられている(厚生労働省,2017d)。厚生労働省による能力開発基本調査の過去3年のデータを比較すると,OFF-JT(職場外訓練)実施率の伸び以上に,新規採用者など初任層を対象とする研修の実施率が増加している(図1-1)。

　このような新入社員への適応支援は,企業規模による格差が大きいため,中小企業も含めて若年就業者の職場定着を促すための取り組みがますます求められるだろう。

5　組織社会化と生涯キャリア発達の両面から支援する必要性

　これまで述べてきたように,社会・経済の変化によって,一度就職した人であっ

ても，環境の変化や転機を繰り返し経験しながら職業人生を送ることが一般的な社会となりつつある。変化への不適応からメンタルヘルス不調を発症し，そのときに初めて支援が行われる現状に問題があることは，すでに十分に認識されているだろう。

特に，教育機関から働く場への移行は，個人の職業キャリアにおいて最も大きな転機であるといっても過言ではない。新卒一括採用が主流の日本にあっては，教育機関を卒業した後，最初に就職する組織への参入を通じて組織人・社会人としての基礎的能力や適応能力を身につけていく。教育機関から職場への移行というきわめて大きな変化に対処できることが，その後の職業生活に重要な影響を与えることになる。このような組織における適応に関する研究は，これまで主に組織社会化とよばれる研究領域において行われてきた。組織社会化とは，「個人が組織内の役割を担うために必要な社会的な知識や技術を獲得するプロセス」（Van Maanen & Schein, 1979）と定義される。これは主に新入社員の組織参入時期を対象とした研究が中心であるが，近年では組織再社会化とよばれる研究も行われている。

その一方で，この時期の若年就業者は，自らのキャリアの方向性について模索中であることが多い。短期間の就職活動が十分な模索を妨げている可能性がある一方で，入社前の学生生活を通じてどの程度のキャリア発達を遂げ，次のステージの発達課題を乗り越えるためのレディネス（キャリア成熟度）を備えているかは，個人差がかなり大きい。職業生活を送る上で基礎的な能力を身につけられる組織社会化のプロセスが，自身のキャリア探索が継続しているために中断してしまうことは，その後の職業人としての成長に大きな影響を与える。つまり，個人のキャリア発達という視点と，組織人としての社会化の両側面から，適応課題を認識する必要があると考えられる。そこで，次章では若年就業者を中心にキャリア発達と組織社会化に関する研究を概観し，変化への適応支援に必要なアプローチについて検討する。

第2章
キャリア発達と組織社会化の理論的検討

> 第2章では，若年就業者が抱える教育機関から職場への移行に関わる問題を中心に，支援のために必要な理論や概念について紹介する。具体的には，キャリア発達アプローチについて述べ，組織社会化研究やそのキャリア発達との関連性について述べる。

1 キャリア発達アプローチ

　キャリア行動を説明する理論にはさまざまなものがあるが，渡辺・ハー（2001）によれば，特性因子論的アプローチ，意思決定論的アプローチ，状況・社会学的アプローチ，パーソナリティ論的アプローチ，および発達論的アプローチに分けて捉えることができる。本書では，社会に出た後もさまざまな環境からの要求に対処し，変化に対応することを通じて，個人は発達し続けるという前提に立ち，キャリアに関わる行動を職業選択の一時点だけにとどまらない視点から捉えるキャリア発達アプローチに注目する。キャリア発達アプローチとは，生涯をある一定の段階に分け，各段階に特有の危機や課題を説明することから，それに対処するために必要な事柄を理解するのに貢献するものである（渡辺他，2007）。

■ 1-1 キャリア発達課題

　キャリア発達アプローチでは，個人は心理社会的に成熟すると同時に，それに応じた環境適応のための課題を達成することによって発達していくと考えられている（Super, 1984）。スーパー（Super, 1957）は，生涯を通じた一連のライフステージを

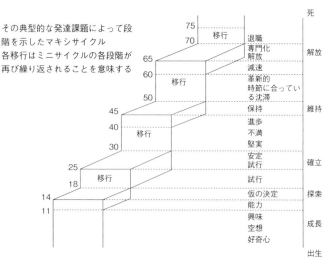

図 2-1　スーパーのキャリア発達段階 (出典：Super, 1957)

マキシサイクルとよび，成長段階，探索段階，確立段階，維持段階，解放段階という五つの段階で構成されるとした（図2-1）。各段階には，達成すべき発達課題が示されている（表2-1）。

　教育機関から社会への移行は，五つのキャリア発達段階のうち，探索段階から確立段階の両方にかかる時期にあたる。この時期は，暫定的な職業の選択を実際に行い，永続的な職業を見出そうとする試行期である。

　一方で，職場において他者との関わり方を学び，地固めを行う時期でもあり，後述する組織社会化は，若年就業者の組織におけるキャリア発達課題として示されている。シャイン（Schein, 1978）は，個人が形成する見通しは，自分の仕事と自分のキャリアに意味を与えるものであり，後のキャリアに対して重要な影響をもつことを指摘している。

　つまり，若年就業者にとっては，組織参入後の当面の間は試行期間であり，所属する組織や職務に適応しながら，自分自身が満足できる職業的な役割を探索し，今後の見通しを獲得することが発達課題であると考えられる。

1-2　キャリア成熟とキャリア・アダプタビリティ

キャリア発達課題を乗り越える上で，キャリア成熟という個人のレディネスの重

要性が示されている（Super, 1957, 1984）。スーパーは，発達心理学における成熟の概念を職業的な発達のプロセスに適用し，「職業的成熟」の概念を示した。職業的成熟とは，「個人の暦年齢に基づいて期待される発達課題と，実際に遭遇している発達課題とを比較することによって操作的に定義できる」とされている（Super, 1957）。その後，「職業モデル」から「キャリアモデル」へとモデルが変化するに従い，職業的成熟という概念はキャリア成熟という概念へと変更された（Super, 1984）。キャリア成熟とは，「キャリア発達課題へ取り組むための個人の態度的・認知的レディネス」と定義される。さらに，成人期のキャリア成熟の分析を通じて，青年期における重要な五つの能力（計画性・時間的展望，探索，情報，意思決定，現実志向）が，中年期においても同じく重要であることも明らかにされている。その上で，意思決定の内容は異なるが，意思決定の原則はどの年齢においても，生涯にわたって共通であると指摘している（Super, 1977）。

さらに，スーパーとナセル（Super & Knasel, 1981）は，成人のキャリアにおける移行に備えるための概念として，キャリア・アダプタビリティ（career adaptability）を提示し，「仕事や仕事の環境の変化に対処するためのレディネス」と定義している。

サビカスも，変化を常態とするキャリア構築の中心的概念としてキャリア・アダプタビリティの重要性を指摘している。サビカスはキャリア・アダプタビリティを「個人がキャリア構築するために重要となる課題や移行期を乗り越える際のリソースや方策」と定義しており，さまざまな先行研究をレビューした上で，関心（concern），統制（control），好奇心（curiosity），自信（confidence）の4次元に整理している（Savikcas, 1997, 2005）。しかし，定まった尺度や要素があるわけでなく，さまざまな研究者によって仮説が提示されている。

成人期のキャリア発達の中心的概念は，キャリア・アダプタビリティであるという指摘もあるが，教育機関から職場への移行期は，青年期のキャリア発達課題とも関連があり，キャリア成熟も影響していると考えられる。

渡辺・ハー（2001：85）は，アダプタビリティの概念を以下のように解説している。

> 青年期までは最初のキャリア選択に必要な能力と態度を段階的に伸張させることが成熟の基準であるが，その後は，青年期までに獲得した能力と態度を発達課題の達成に応用できることが成熟している状態であると考える（圏点は筆者）。

表 2-1 スーパーのキャリア発達の諸段階と発達課題の統合 (出典：渡辺他, 2007)

発達段階	特徴	下位段階	課題
成長段階 誕生〜	自己概念は、学校・家庭における主要人物との同一視を通じて発達する。欲求と空想はこの段階の初期において支配的である。興味と能力は社会参加と現実吟味の増大にともない、より重要となる。自助や社会とのやり取りや目標設定などの行動を学ぶ。	・空想期 (4-10歳)：欲求中心・空想のなかでの役割遂行が重要な意義をもつ。 ・興味期 (11-12歳)：好みが志望と活動の主たる決定因子となる。 ・能力期 (13-14歳)：能力により重点が置かれる。職務要件 (訓練を含む) が考慮される。	どのような人なのかについての考えを発達させる。 仕事世界への志向性や働く意味の理解を発達させる。
探索段階 15歳〜	学校・余暇活動・パートタイム労働において、自己吟味・役割試行・職務上の探索が行われる。	・暫定期 (15-17歳)：欲求・興味・能力・価値観、雇用機会のすべてが考慮される。暫定的な選択がなされ、それが空想・討論・仕事などのなかで試みられる。 ・移行期 (18-21歳)：労働市場や専門訓練に入り、そこで自己概念を充足しようと試みる過程で、現実への配慮が重視されるようになる。 ・試行期 (22-24歳)：表面上適切な分野に位置づけられると、その分野での初歩的な職務が与えられる。そして、それが生涯の職業として試みられる。コミットメントは暫定的なものであり、職業が適切でない場合、好みの具体化・特定化・実行が再度行われる。	職業的好みが具現化される。 職業的好みが特定化される。 職業的好みを実行に移す。 現実的な自己概念を発達、より多くの機会についていっそう学ぶ。

第2章　キャリア発達と組織社会化の理論的検討　21

発達段階	特　徴	下位段階	課　題
確立段階 25歳〜	適切な分野がみつけられ、その分野で永続的な地歩を築くための努力がなされる。この段階の初めにおいて、若干の試行がみられる場合もあるが、その結果、分野を変える場合もあるが、試行なしに確立が始まる場合もある。	・試行期・安定期（25-30歳）：選択した職業に落ち着いたり、永続的な場所を確保する。自分に適していると考えた分野が不満足だとわかる場合もあり、その結果、生涯の仕事を見出せないうちに、あるいは生涯の仕事が関連のない職務のつながりだということがはっきりしないうちに分野を1、2回変更することがある。 ・向上期（31-44歳）：キャリアパターンが明確になるにつれて、職業生活における安定と保全のための努力がなされる。多くの人にとって、創造的な時期である。	希望する仕事をする機会をみつける。 他者との関わり方を学ぶ地固めと向上。 職業的地位や役割の安定を築く。 永続的な地位に落ち着く。
維持段階 45歳〜	職業の世界である地歩をすでに築いているので、この段階での関心はそれを維持することにある。新しい地盤が開拓されることはほとんどなく、すでに確立されたパターンの継続がみられる。向上期にある若手との競争から現在の地位を守ることに関心がよせられる。	なし	自らの限界を受容する。 働き続ける上での新たな課題を明らかにする。 本質的な行動に焦点を当てる。 獲得した地位や利益を保持する。
解放段階 65歳〜	身体的・精神的な力量が下降するにつれて、職業活動は変化し、そのうちに休止する。新しい役割が開発される必要がある。いわば、最初は気が向いた時だけの役割をとるようになる。退職によって失ったものの代わりとなる満足源をみつけなければならない。	・減衰期（65-70歳）：場合によっては定年の時であり、時には維持段階の後期にあたる。仕事のペースは緩み、職責は変化し、下降した能力に合わせて仕事の性質が変わる。多くの人は、常勤の仕事の代わりに非常勤の仕事をみつける。 ・引退期（71歳〜）：仕事の完全な休止や非常勤、ボランティア・余暇活動へのシフトは人によって違いがある。	職業外の役割を開発する。 よい退職地点を見出す。 常々やりたいと思っていたことをやる。 労働時間を減らす。

つまり，若年就業者の発達課題を乗り越えるために，青年期までに伸張・獲得されてきたキャリア成熟を応用していくことが，若年就業者がキャリア・アダプタビリティを発揮している状態であると解釈することができる。つまり，一定のキャリア成熟を備えていることが，直面する変化への対応の前提になっているとも考えられる。もし，キャリア形成に関する教育を十分に受けておらず，あまりにも低いキャリア成熟度の若者が職業の世界へ移行した場合，キャリア・アダプタビリティの発揮を促す支援だけでは足りず，その基礎の成熟度も踏まえた支援の必要があると考えられる。

しかし，いったん就職し，仕事を始めた後には直接的にキャリア成熟を高めるような教育やガイダンスを受ける機会はほとんど得られないだろう。そこで，重要となるのが組織内で行われる適応への支援方策である組織社会化である。

2 組織社会化研究からのアプローチ

組織社会化とは，「個人が組織内の役割を担うために必要な社会的な知識や技術を獲得するプロセス」(Van Maanen & Schein, 1979) と定義され，組織や職務への適応（職務満足度，組織コミットメント，パフォーマンス，離転職意思など）に影響を与えるものであるとされている (Ashforth et al., 2007 ; Bauer et al., 2007)。

また高橋 (1993) は，代表的な論者の定義をレビューした上で，組織社会化を「組織への参入者が組織の一員となるために，組織の規範・価値・行動様式を受け入れ，職務遂行に必要な技能を習得し，組織に適応していく過程」と定義している。

このように，組織社会化とは，組織内の役割を担うために必要な知識や技術を獲得していく過程であり，その後の組織への適応に影響を与えるものであるといえる。

■ 2-1 組織社会化の段階モデル

組織社会化の段階モデルとは，新入社員が乗り越えるべき発達課題が順を追って記述されたものであり，複数の研究者によってさまざまなモデルが提示されている。

ここでは，「予期的社会化」「現実との直面」「学習」の三つの段階ごとに新入・若手社員が直面する課題を紹介する。

1) 予期的社会化

予期的社会化とは，組織に参入する前段階における，組織内の仕事に就くための

準備の程度を表す概念である (Van Maanen, 1976)。

　予期的社会化の結果として形成される期待は，広く一般に知られている古い慣習から，自ら選択した職業に関する特定の行動指針まで広範囲に及ぶ (Van Maanen, 1976)。参入する組織に対する期待は，入社の前段階におけるさまざまな活動（就職活動，アルバイト，友人や家族との対話など）によって形成され，入社後の適応の備えとなっていく。

2) 現実との直面

　新入社員にとって，学生から社会人への移行は必然的に心理的なショック（リアリティ・ショック）を伴う。リアリティ・ショックの定義にはさまざまなものがあるが，「学校から職場へ移行した直後の若者が職場の現実への準備が十分でないことにより，入社前の期待と現実とのミスマッチや驚き，幻滅，不安といった感情を覚えること」(Hall, 2002；Hall & Schneider, 1973) や，「新入社員が組織において直面する現実と，直面するであろうと予測していたこととのズレ」(Porter & Steers, 1973) と定義した期待適合仮説 (met-expectation hypothesis) などが代表的である。

　ワヌウス (Wanous, 1992) によれば，期待と現実とのズレを感じているほど適応プロセスに負の影響が出ると考えられ，離転職意思につながることが明らかになっている。

　一方で，新入社員が感じるショックが組織や仕事を理解するきっかけとなることもある。ルイス (Louis, 1980) は，新入社員が組織参入時に経験する「驚き」に対して自ら説明を与えることによって組織を理解し，自らの行動を決め，新たな期待と環境認知を獲得していく意味形成アプローチを提言した。

　小川 (2005a) は，リアリティ・ショックが若年者の就業意識に与える影響を検討したところ，組織コミットメントや上司への信頼感に対し比較的強い負の効果をもっていたが，一方で職務満足度に対しては直接に効果をもたず，上司への信頼感を低下させることを通じて，間接的に影響するのみであった。一方で，リアリティ・ショックは入社後の自己理解，特に適性を自覚させる契機にもなっていることが示唆された。

　尾形 (2007) は，リアリティ・ショックの構造の捉え方が硬直化していることを指摘し，リアリティ・ショックの構造の多様性を探索した。新人ホワイトカラー27名と新人看護師11名に対してインタビュー調査を実施したところ，既存型リアリティ・ショックの構造，肩透かしの構造，専門職型リアリティ・ショックの構造の三

つが見出された。さらに，リアリティ・ショックへの対処行動には，自己完結型と他者依存型という「対処方法のタイプ」と，その性質がポジティブかネガティブかという「対処方法の性質」の組み合わせによる四つのタイプの対処行動が見出された。

このように，リアリティ・ショックを一面的に捉えるのではなく，その構造や影響を多面的に捉えようとする研究が進められている。新入社員が直面した現実をどのように受け止め，解釈するかによって，その後の学習にも影響を与えるため，初期のリアリティ・ショックへの対処が支援においても重要となる。

3) 学　　習

リアリティ・ショックを乗り越えるプロセスを通じて，組織や仕事への理解を深めながら，新入社員はさまざまな事柄を学習していく。組織社会化と適応との関連を説明するのによく知られた理論は，不確実性低減理論（Uncertainty Reduction Theory）である（Berger, 1979；Falcione & Wilson, 1988；Lester, 1987）。不確実性低減理論によれば，組織における自分の役割や仕事の進め方を学び理解することが，新たな組織への参入に伴う不確実さや不安を低下させ，その結果として仕事に取り組む意欲や職務満足度の向上，離転職意思の低下などへつながっていくものと考えられている。

具体的にどのような学習が適応につながるのかという点についても検討されている。例えば，チャオら（Chao et al., 1994）によれば，学びの側面として，歴史，言語，政治，人間関係，組織の目標と価値観，熟練の六つが提示されている（表2-2）。

竹内・竹内（2004）は，チャオら（Chao et al., 1994）に基づいて，組織社会化が組織コミットメントやモチベーション，転職意思に与える影響を，入社1年目と2年目の時点で縦断的に検討した。因子分析の結果，組織社会化の学習次元として，組織次元と課業次元の2次元が抽出され，組織次元が組織コミットメントに正の影響を与え，転職意思へ負の影響を与えることが確認された。

ホーターら（Haueter et al., 2003）は，組織社会化の成果を離転職意思や職務満足度（二次的成果）によって測定することが多く，直接的に組織社会化の成果を測定していない点を指摘し，組織社会化プロセスを通じた知識習得の程度（一次的成果）を測定するためのNSQ（Newcomer Socialization Questionnaire）を開発した。NSQは三つの次元からなり，それぞれの次元は組織（Organization），集団（Group），職務（Job/Task）に関する知識習得の程度を測定している。

小川（2005b）は，NSQをもとに，組織社会化の結果を組織全体知識，集団・人

表 2-2 組織社会化における学習 (出典:Chao et al., 1994)

歴史 (history)
例　私はこの組織で長く大切にされてきた伝統を知っている。
私は自分の職場や部署の背景についてうまく説明できる。
言語 (language)
例　私は,この業界や職種の専門用語や特有の言い回しの意味を理解している。
私は,この業界や職種のほとんどの略語が何を意味するかを理解している。
政治 (politics)
例　私はこの組織の内部において,実際の仕事がどのように進められるかを学んだ。
私は,この組織の中で最も有力な人が誰かを知っている。
人間関係 (people)
例　職場内で私は「組織の一員」であると認識されている。
私は,ほとんどの同僚から好かれていると思う。
組織の目標と価値観 (organizational goal and value)
例　組織の目標は,私にとっての目標と同じである。
私は,この組織の中でうまくやっていけると思う。
熟練 (performance proficiency)
例　私は,効率的に仕事をうまく進める方法を学んだ。
私は,自分の仕事で必要な業務をマスターしている。

間関係知識,職務遂行知識の3尺度から測定する尺度を開発した。29歳以下の若年就業者を対象とした調査の結果,職務遂行知識が個人業績や職務満足度を高め,離職意図を低めること,政治・人間関係の知識が職務満足度を低め,組織全体の知識が職務満足度を高めることが確認された。

このように,役割についての学習が適応に与える影響については実証研究が蓄積されている。組織の一員としての役割の学習は,新人や若手の育成における中心的な課題でもあり,学習する役割の内容のみならず,その学習方法についても数多くの研究が行われている。次節では,組織社会化を促す組織からの働きかけに関する研究を概観する。

■ 2-2 組織社会化を促進する組織による働きかけに関する研究

1) 入社前の施策

組織による働きかけの中でも,予期的社会化において有効な施策は,リアリスティック・ジョブ・プレビュー (Realistic Job Preview:以下,RJP) である。ワヌウスは,内定者が組織参入前にもつ非現実的な期待をコントロールするために,採

用選考の過程において，ネガティブな面も含めて職務の現実的な情報を提供する方策としてRJPを提示した。RJPの効果としては，現実と直面したときの幻滅を予防する「ワクチン効果」がよく知られているが，その他にも就職活動の過程でよりよいマッチングを促すセルフスクリーニング効果，組織からの期待を明確に知ることにより仕事上の失敗を減らす対処効果，強制や勧誘ではなく自分自身で意思決定することによって，個人的な責務と感じるパーソナル・コミットメント（personal commitment）効果が示されている（Wanous, 1992）。

2） 組織社会化戦術

　組織社会化戦術については数多くの研究が蓄積されており，2000年代後半になって，メタ分析も行われている（Saks et al., 2007；Bauer et al., 2007）。例えば，サックスら（Saks et al., 2007）は，約30の研究を用いたメタ分析を実施し，組織社会化戦術（内容的戦術，文脈的戦術，社会的戦術）と新入社員の適応に関する各種指標（組織コミットメント，職務満足度，業績，離転職意思など）との関係を分析した。組織社会化戦術は，ヴァンマーネンとシャイン（Van Maanen & Schein, 1979）が提示した6次元の社会化戦術をジョーンズ（Jones, 1986）が構造化したものによって測定されている。6次元の社会化戦術とは，集合的（collective）-個別的（individual），形式的（formal）-日常的（informal），規則的（sequential）-不規則的（random），固定的（fixed）-可変的（variable），連続的（serial）-分離的（disjunctive），付与的（investiture）-剥奪的（divestiture）である。ジョーンズ（Jones, 1986）はこれらの内容を三つのカテゴリと二つのタイプに構造化した（図2-2）。第一に集合的-個別的戦術と，形式的-日常的戦術を「文脈的戦術」としてまとめ，制度化されている場合には既存社員と新人を区別して集合形式で教育が行われ，個別化されている場合には，既存社員とともに職場の中で個別に教育が行われていると整理した。第二に，規則的-不規則的戦術と，固定的-可変的戦術を「内容的戦術」としてまとめ，制度化されている場合には組織内における習得すべきキャリアの典型的な段階や予定が示され，個別化されている場合には，典型的なキャリアの段階や期間が示されないとした。第三に連続的-分離的戦術と付与的-剥奪的戦術を「社会的戦術」としてまとめ，制度化されている場合には，同じ仕事をする先輩社員が仕事を教え，個人特性を尊重した教育が行われ，個別化されている場合には，同じ仕事をしている社員が訓練を行わず，個人特性は否定されるとした。サックスら（Saks et al., 2007）による分析の結果，制度化された組織社会化戦術と，

主な焦点	制度的 (institutionalized)	個別的 (individualized)
文脈（context）	集合的（collective）	個別的（individual）
	形式的（formal）	日常的（informal）
内容（content）	規則的（sequential）	不規則的（random）
	固定的（fixed）	可変的（variable）
社会的側面 (social aspect)	連続的（serial）	分離的（disjunctive）
	付与的（investiture）	剥奪的（divestiture）

図 2-2　組織社会化戦術の分類（出典：Jones, 1986）

適応に関するすべての指標と有意な関係がみられ，特に，社会的戦術が強く影響を与えていた。

3）上司や同僚による支援

　新入社員が職場に配属された後，彼／彼女らに大きな影響を与えるのが最初の上司である。若林ら（1980）の百貨店組織における入社後3年間の追跡研究によれば，1年目の上司との垂直交換関係が高いグループほど，3年間一貫して強い組織への一体感と，高い職務欲求の充足および満足を経験していることが明らかにされている。また，期待が充足される度合いと，組織コミットメントとの関係に対する，上司や同僚との交換関係の媒介効果が検討されている。リアリティ・ショックを経験している場合には，組織内の人間関係の良好さがリアリティ・ショックによる悪影響を緩和することが示唆された（Major et al., 1995）。

　また，亀井（2006）は，職場の新人の語りによって，職業参加におけるアイデンティティの変化と，職場共同体における学びを構造化する諸資源との関連を，「学習のカリキュラム」に焦点化して明らかにした。職場実践における学びを構造化する資源の多様なありかた（人的構成や人との関係の中での学びや標準化されたマニュアル・資格試験などを通じた学び）が，新人のアイデンティティの変容過程や学習のカリキュラムの構成に相互に密接に関係すること，また実践への参加や現前の実践を意味づけるガイドの存在が，学習のカリキュラムの構成に重要であることが示唆された。

4）役割葛藤

新入社員を取り巻く環境要因として，本人が担当している仕事の特性があげられる。役割葛藤の多寡をリアリティ・ショックに含めている研究（Major et al., 1995）もみられ，入社後に直面する幻滅の一つであると考えられる。また古くから，組織コミットメント研究において，役割葛藤の影響が示唆されてきた（田尾，1997）。新入社員の組織参入時においても，役割葛藤は大きなストレッサーになりうると考えられる。

以上，組織社会化を促進する組織からの働きかけに関する研究を概観した。全体を通じて，役割の葛藤が少なく，体制化されたキャリアルートを示し，あらかじめ定められた学習カリキュラムを提供することが組織社会化を促す，ということが示されている。しかし，環境変化の激しい時代において，組織側がこのように将来の見通しを明確に示すことはきわめて難しい。学習するべき内容も，キャリアルートも変化し続けているはずである。実際の組織の中で変化への適応を支援する上では，こうした現実も踏まえなければならない。通常，配属された職場での人間関係を通じて，新入社員は働きながら学んでいる。新入社員自身が周囲の人間関係を通じて，役割やその意味を学ぶ過程がより重要であろう。また，そうした相互作用の重要性が高まるにつれ，新入社員自身の学ぶ姿勢や人間関係を構築する能力も重要性も高まる。次項では，組織社会化を促進する個人側の要因についての研究を概観する。

■ 2-3 組織社会化を促進する個人側の要因に関する研究

組織からの働きかけだけでなく，組織社会化される新入社員自身の態度や行動も，社会化を促進する重要な要因である。

1）情報探索行動とソーシャルネットワーク

モリソン（Morrison, 1993）によれば，新入社員を取り巻く状況の不確実性が低減すると，より仕事に適応し，より自分の仕事に満足し，組織に留まろうとする傾向が強まることが明らかになっている。

さらにモリソン（Morrison, 2002）は，不確実性を低減させるためのソーシャルネットワークが組織社会化に与える影響を検討した。その結果，新入社員の情報的ネットワークが，組織や職務，役割に関する学習に影響を与え，友好的なネットワークが社会的同化（social integrated）や組織コミットメントに影響を与えることを明らかにした。

表 2-3 新入社員の能動的な行動 (出典：Ashford & Black, 1996)

情報探索行動（information seeking）
フィードバックを求める行動（feedback seeking）
職務変更の交渉（job-change negotiating）
肯定的な意味づけ（positive framing）
社交性（general socializing）
上司との関係構築（building a relationship with one's boss）
人脈づくり（networking）

2) 能動的な行動

ルイス（Louis, 1980）は，新入社員が組織参入時に経験する「驚き」に対して自ら説明を与えることによって，組織を理解し自らの行動を決め，新たな期待と環境認知を獲得していく意味形成アプローチを提言している。

上野山（1999）は，意味形成アプローチにより組織社会化のプロセスを定性的に明らかにすることを試みている。分析によれば，未知の状況に驚きつつも，仕事や組織の情報に対して意味を付与し，アクションを通じてそれらを統合していくことで状況への影響力を獲得していく，新入社員の適応過程が明らかになった。

新入社員の能動的な行動（proactive behavior）（表 2-3）の影響を検討した研究（Ashford & Black, 1996；Wanberg & Kammeyer-Mueller, 2000）によれば，上司との関係構築や肯定的な意味づけ，社交性，フィードバックを求める行動が，新入社員の適応にポジティブな影響を与えることが確認された。

以上のことから，個人の側の能動性は，主に人間関係に関わる内容であることがわかる。何を学ぶ必要があるのかということもわからない新入社員が頼ることができるのは，職場の先輩や上司である。人間関係を通じて役割を学習し，さらに必要な情報を得られる関係を築いていく能力が，組織で求められる能力を身につけていくための基礎的な力であるといえるだろう。

■ 2-4 組織社会化の統合モデル

近年では，組織側からの働きかけである組織社会化戦術と，個人の能動的な行動や役割の学習などを統合した包括モデルが提示されている。

サックスら（Saks et al., 2007）は，約 30 の研究を用いたメタ分析を実施し，組

織社会化戦術と新入社員の適応に関する各種指標との関係を分析したところ，制度的な社会化戦術において，すべての適応に関する指標と有意な関係がみられた。特に，社会的な戦術が強く影響を与えていた。

バウアーら（Bauer et al., 2007）も 70 の研究を用いてメタ分析とパス解析を実施した。新入社員の適応（役割の認識，自己効力感，社会的受容）が，組織社会化戦術と情報探索行動，組織社会化の結果（職務満足度，組織コミットメント，職務パフォーマンス，就業継続の意思と離職意思）とを媒介するモデルが検証された。

アッシュフォースら（Ashforth et al., 2007）は社会化戦術と能動的な行動の両者を投入したモデルを縦断的な調査（卒業する 1 週間前，入社して 4 か月後，および 7 か月後）により検討した。その結果，制度的な社会化戦術と能動的な行動は，ともに新入社員の学習に関連し，また社会化戦術と能動的な行動，学習はいずれも新入社員の適応に影響を与えていた。さらに，社会化戦術や能動的な行動は，直接新入社員の適応にも影響を与えていた。

ここまで若年就業者の支援を行うための二つのアプローチであるキャリア発達と組織社会化それぞれについて，理論や先行研究を概観してきた。その結果からわかることは，若年就業者は入社間もない時期，就職活動を通じて選択した職業を試行しながら，自分自身がその職業に満足できるかどうかを検討する課題（職業的役割の探索というキャリア発達課題）と，参入した組織で期待される役割を果たすことができるように訓練を積み重ねる（組織社会化）課題の両者に直面するということである。しかし，これらの課題を関連づけて捉えた研究はほとんど行われていない。若年就業者を支援する上では，若年就業者が職業的役割の探索と組織社会化にどのように取り組み，乗り越えていくのかを明らかにする必要があるだろう。そこで次章では，これら二つの課題の関連性に焦点をあてた実証研究を紹介する。

第3章
大卒若年就業者のキャリア発達
についての研究

> 第3章では,第2章で扱った理論を踏まえながら,筆者が行った実証研究を紹介する。第1節では研究①として大卒若年就業者のキャリア発達の統合的プロセスを扱い,第2節では,研究②として,若年就業者のキャリア・アダプタビリティ尺度を作成し,第3節では研究③として,キャリア発達と組織社会化および適応との関連性について考察する。

1 大卒若年就業者のキャリア発達の統合的プロセス：研究①

■ 1-1 研究の目的と方法

　本節では,組織社会化の過程において組織内での役割の学習がキャリア成熟に影響を与えるプロセスと,キャリア成熟と離転職意思との関連を詳細に把握することを目的とする。さらに,個人の内的要因にのみ着目するのではなく,個人に影響を与える環境要因を明らかにし,それらと個人との相互作用を把握することも目的とする。

　本節で紹介する研究①のリサーチクエスチョンは,以下の2点である。

> ①個人が職業的役割を探索するプロセスと,入社後3年間の組織社会化のプロセスは,どのような関係にあるのか。
> ②入社初期段階のキャリア発達を促進するのはどのような要因か。

　調査対象は,通信関連企業A社に大学卒業直後の4月に新卒で入社し,社会人

経験が3年目もしくは4年目の社員11人（男性7人，女性4人）である。A社に入社後，継続して勤務している者が6人，転職した者が5人であった。現在の職種は，事務・企画職が7人，営業職が4人であった（表3-1）。調査対象者は，調査当時，筆者が所属していた企業の社員であり，在職者については，調査の趣旨への理解を得られた者に依頼するとともに，退職者については，在職者の知人を紹介してもらう方法で依頼した。

調査[1]は半構造化面接による聞き取りによって行われた。聞き取りは，A社内の個別面談室もしくは会議室，調査対象者が指定する場所にて実施した。また，調査対象者の承諾を得てインタビュー内容をICレコーダーに録音した。

インタビュー内容は以下の通りである。

①入社にいたる経緯
②入社時点の意思決定への満足度
③入社して最初の仕事
④上司や先輩，その他の同僚や同期との関係
⑤最初の仕事を通じて学んだこと
⑥最初の仕事で心がけていたことや目標にしていたこと
⑦最初の仕事が興味や価値観とどのように関連していたか
　（※④-⑦を現在の仕事にいたるまで順番にたずねた）
⑧入社して一番うれしかったこと
⑨入社して一番苦しかったこと
⑩印象に残っている上司や先輩などからの「一言」
⑪入社してから自分が一番成長したと思うところ
⑫今後の目標と今の会社で働くことの見通し

インタビュー内容の逐語録を作成し，修正版グラウンデッド・セオリー・アプローチ（M-GTA）により分析を行った。M-GTAは，オリジナル版のグラウンデッド・セオリー・アプローチの特性を生かし，実践しやすい方法として提案されたも

---

1) 調査は2008年9月～2009年2月に行われた。一人あたりのインタビュー時間は45分～2時間31分であり，平均1時間7分であった。分析手順は木下（2003）に基づいており，詳細は道谷・岡田（2011）に記載した。

表 3-1　調査対象者一覧

	No	対象	年齢	性別	社会人経験	転職時期	職種
Step1 在職者	1	B	25	男	3年目	—	営業企画
	2	C	25	男	3年目	—	人事
	3	E	25	男	3年目	—	人事
	4	A	24	女	3年目	—	人事
	5	F	28	女	4年目	—	マーケティング
	6	J	26	女	4年目	—	営業
Step2 退職者	7	D	26	女	4年目	3年目	営業
	8	G	29	男	4年目	3年目	経営コンサルタント
	9	H	26	男	4年目	3年目	事業企画
	10	I	25	男	3年目	2年目	マーケティング
	11	K	26	男	4年目	3年目	営業

のである（木下, 2003）。

分析テーマは,「若年就業者の入社後3年間の組織社会化プロセスと職業的役割の探索プロセスとの関連づけ, および入社初期のキャリア発達を促進する要因」と設定した。

分析焦点者は, 新卒で企業組織に入社し, 社会人経験年数が3年前後の者とする。また, 研究①の分析者である筆者は, 調査当時, 調査対象者と同一の企業に所属しており, 所属企業の置かれた状況を調査対象者と共有できる立場にあった。また, 社内の人事部門に所属するキャリアカウンセラーであるとともに, 若年就業者のキャリア発達に関する研究者という立場でもあった。

なお, 研究①における理論的サンプリングは以下のステップで進められた。

ステップ1では, 一般的に若年就業者の育成期間とされている入社後3年間について, 入社から組織への定着にいたる経験を豊富に語ることができる, 転職していない勤続3-4年目社員を対象とした。ステップ2では, 組織への適応から転職に至るプロセスを語ることのできる転職経験のある社会人3-4年目社員を対象とした。

分析の結果, 最終的に13カテゴリー, 3サブカテゴリー, 43概念に集約された（表3-2）。

表 3-2 生成されたカテゴリー、サブカテゴリー、概念、および定義

カテゴリー	サブカテゴリー	概念	定義
1：学生時代の成長体験		❶学生時代の成長体験	学生生活において自分の幅を広げ成長を実感する
2：自己と環境の探索		❷家族の意見や就いている職業からの影響	職業選択にあたって家族の意見や、家族が就いている職業からの影響を受けている
		❸働く現実の想像と吟味	進路を決定する前の段階で、自分の適性や価値観を探りながら、それに合う環境や働き方を想像し、吟味する
		❹将来の目標やビジョンの設定	いずれ実現したい将来の目標やこうありたいというビジョンをもっている
		❺不十分な探索	自分の興味を仕事と結びつけるための具体的な行動が不足している
3：ファーストステップの意思決定		❻納得できる環境の選択	自分自身の判断基準に照らし合わせ、納得できる就職先を選ぶ
		❼基礎を学ぶための職場	最初についた仕事を、社会や組織で働く上での基礎を学ぶ場として意味づけている
		❽他に選択肢のない状況での入社決定	内定をもらった企業が他になかったのでその会社に入社を決定している
4：現実との直面	4-1：疑問や葛藤	❾責任の大きさや仕事量の不適切さ	仕事内容そのものや、仕事に伴う責任が大きすぎたり、小さすぎたり、仕事量が過大であることに違和感をもつ
		❿職場の風土や方針への違和感	自分のこだわりや価値観と職場での仕事の進め方とが折り合わないことへ違和感をもつ
		⓫理不尽な現実	対人関係において納得がいかない思いをしたり、自分の考え方を合わない人と仕事をすることに葛藤をおぼえる
		⓬とりあえずの受容	とりあえず判断を保留し、現実を受け入れようという姿勢をもつ
		⓭自分の未熟さとの直面	ミスを繰り返したり、仕事がうまくできないことから自分と直面する
		⓮仕事の基本を叩き込まれる	難易度の低い作業的な仕事から任されることで基本を叩き込まれる経験をする
5：がむしゃらな仕事の習得		⓯がむしゃらに仕事に没頭する	自分の将来のことなどを常に考える余裕もなく目の前の仕事に集中する時期を経験する
		⓰ひたすら勉強	分からないことを常に調べたり、人に聞きながら仕事のやり方を学んでいく
		⓱コミュニケーションの重要性の学習	集団で仕事をしていく中で、どのようにコミュニケーションをとり、人間関係をつくっていくかを学ぶ
		⓲組織で働く現実を知る	組織で働くことを前提とすることで割り切りができ社会外の状況を知る
		⓳現実の受容	組織で働くことにまつわる現実を知ることによって現実を受容する

第3章 大卒若年就業者のキャリア発達についての研究

カテゴリー	サブカテゴリー	概念	定義
6：働くことへの慣れ	6-1：地に足がつく	㉑成長の実感	仕事の達成や行動の変化を通じて、自分自身の成長を実感する
		㉒担当を任された誇らしさ	明確な役割を任されることによる誇らしさをおぼえる
	6-2：このままでいいのか疑問	㉓まだまだこれからの自分	ある程度成長を感じるものの、まだまだ未熟な自分であるという悔しさやふがいなさをおぼえる
		㉔現状に対する焦りや不満	このままの環境についてもよいのかという焦りや不安を感じたり、退職や異動の意思が芽生えたりする
7：仕事や組織の変更		㉕仕事や組織の変更	異動や組織変更など環境の変化を通じて新たな自分に気づいたり、成長を実感したりする
8：職業人としての自己への気づき		㉖仕事経験を通じた興味・能力への気づき	行動した結果を振り返り、自分の興味や能力への気づきを深める
		㉗仕事経験を通じた働くことへの価値観の気づき	実際に仕事を経験することを通じて自分がどのように働いていきたいかに気づく
9：自己と環境の再探索		㉘当面の目標設定	今の仕事と長期的なビジョンを結びつけて近い未来のイメージをもつ
		㉙とり得る選択肢の模索	自分の将来の可能性を広げるために、とり得る選択肢に関する情報を幅広く収集したり、計画の立案に取り組む
		㉚職業人としての主体性の自覚	組織からの期待・要望に応えるだけではなく、自らの意思で職業生活を切り拓くことへの自覚をもつ
10：次のステップへの意思決定		㉛当面は辞めないと決める	しばらくは今の会社で働いていこうと決める
		㉜異動の意思表明	異動希望を上司や人事などへ伝え、機会を待つ
		㉝転職の決断	人的ネットワークや自力によって転職を実現する
11：環境への働きかけ		㉞自発的な役割行動	与えられた役割の中で、自分で判断し対応しようとする
		㉟上司や先輩の仕事ぶりの吸収	上司や先輩の仕事のやり方を手本として自ら学んでいく
		㊱自分の希望や周囲へのアピールや相談	自分の希望を周囲に伝え、理解してもらおうとする
12：人間関係による支援		㊲支えとなる人たちの存在	フォローしてくれる同期や上司等との人間関係を構築できている
		㊳同世代からの刺激	同世代の成長やチャレンジを見聞きし刺激を受ける
		㊴成長に応じたマネジメント	場を与え本人の自立や成長を促すマネジメント
		㊵周囲からの承認	周囲から仕事を認められ、ほめられる経験をする
		㊶会社の実態についての情報提供	入社前に会社の実態を知る機会が提供される
13：経験の意味づけ		㊷過去の経験の振り返り	失敗や苦労など過去の経験を振り返って今の仕事に生かす
		㊸他者による意味づけ	他者の言動を通じて現実の捉え方が変わる
		㊹現在と将来との関連づけ	現在の仕事が、自分の将来にどのように関連してしるかを考える

■ 1-2　分析の結果：概念, カテゴリー間の関係性[2)]

若年就業者の組織における学習プロセスと，職業的役割の探索プロセス，およびそれらの関係性という視点から，カテゴリーと概念間の関係について個別の事例に基づいて検討し，図 3-1 に示す結果図を作成した。以下では，結果図に基づくストーリーラインを述べ，その後，カテゴリーごとに各概念の説明を行う。

1) ストーリーライン

若年就業者の入社初期段階のキャリア発達プロセスにおいては，組織における学習プロセスと職業的役割の探索プロセスが重複しながら進行している。

まず組織参入前の段階では，［1：学生時代の成長体験］を経て，［2：自己と環境の探索］をしていく。探索の段階では，〈❷家族の意見や就いている職業からの影響〉を受けながら，〈❸働く現実の想像と吟味〉を通じて，〈❹将来の目標やビジョンの設定〉をする。その一方で，〈❺不十分な探索〉のまま，イメージで就職活動を行う者もいる。就職先を決定する段階では，自分が〈❻納得できる環境〉や〈❼基礎を学ぶための職場〉を選択できる場合もあれば，〈❽他に選択肢のない状況での入社決定〉の場合もあり，納得度は個人によって異なるが，多くの者が社会人としての［3：ファーストステップという認識を持って意思決定］[3)]を行っている。

入社後，若年就業者は，〈❾任された仕事の責任の大きさや仕事量の不適切さ〉を感じたり，〈❿職場の風土や方針へ違和感〉を覚えたり，また〈⓫理不尽な現実〉に直面するといったことから，【4-1：疑問や葛藤】を覚えやすい。しかしその一方で，まだ新人だから何もわからないので〈⓬とりあえず受容〉しようと受け止め，この時点では疑問を先送りして対処する場合もある。

［4：現実との直面］の時期を経て，［5：がむしゃらな仕事の習得］をする時期になると，あれこれ考える余裕もなく，〈⓮仕事の基本を叩き込まれ〉，〈⓰ひたすら勉強〉する毎日が続く。そのプロセスでは〈⓭自分の未熟さとの直面〉をすることも多いが，徐々に職業人としての〈⓱コミュニケーションの重要性〉や〈⓲組織で働く現実を知り〉，〈⓳現実を受容〉できるようになっていく。

---

2) 文中の「　」は調査対象者の発言,〈　〉は概念名,【　】はサブカテゴリー名,［　］はカテゴリー名，アルファベットは調査対象者を表す。

3) ストーリーラインの文脈に応じて，表 3-2 および図 3-1 に記載されている概念名を一部変更している場合がある。

第3章 大卒若年就業者のキャリア発達についての研究　37

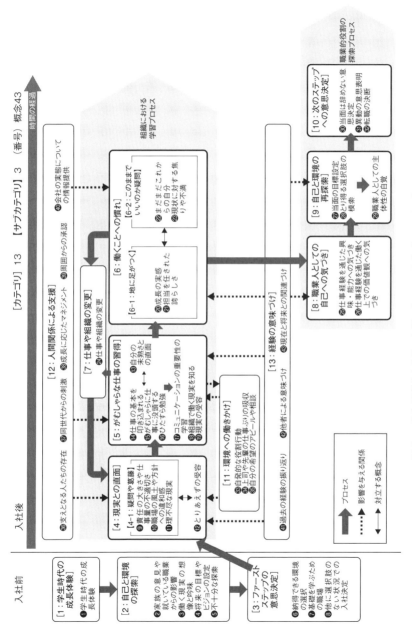

図 3-1　若年就業者の入社 3 年間のキャリア発達プロセスと影響要因

[5：がむしゃらな仕事の習得] の時期を過ぎると，自らの 〈⑳成長を実感〉したり，〈㉑担当を任された誇らしさ〉を覚えたりすることを通じて，徐々に【6-1：地に足がついて】いく。その一方で，〈㉒まだまだこれからの自分〉を見出し，〈㉓現状に対する焦りや不満〉を覚えるなど，【6-2：このままでいいのか疑問】を感じることもある。良くも悪くも [6：働くことに慣れ] ていく時期を迎える。また，働くことに慣れるまでの間に，[7：仕事や組織の変更] を経験する者もいる。初期段階の仕事や組織の変更は，自分の仕事や働き方への振り返りの機会となっていた。

　[6：働くことへの慣れ] の時期を迎える頃から，若年就業者は，次第に 〈㉕仕事経験を通じた興味・能力への気づき〉や，〈㉖働く上での価値観への気づき〉を得るなど，[8：職業人としての自己へ気づき] 始める。さらに，それらの気づきを踏まえて，[9：自己と環境の再探索] を行うようになっていく。

　[9：自己と環境の再探索] においては，〈㉗当面の目標を設定〉し，今後 〈㉘とり得る選択を模索〉することを通じて，〈㉙職業人としての主体性の自覚〉が高まっていく。

　自己や環境に対する新たな認識を獲得することによって，ファーストステップを卒業したと認識した若年就業者は，[10：次のステップへの意思決定] を行う。それは，〈㉚当面は辞めない意思決定〉の場合もあれば，辞めないが 〈㉛異動の意思表明〉を行う場合，〈㉜転職を決断〉する場合に分かれる。このように，[10：次のステップへの意思決定] は，今所属している組織に定着するという選択も含み，必ずしも転職を前提にした意思決定ではない。このように，若年就業者は組織における役割の学習の結果を職業的役割の探索へ結びつけながら，職業人としての自立の程度を高めていくことが確認された。

　さらに，現実との直面や，がむしゃらな仕事の習得，働くことへの慣れに至る時期において，若年就業者からの [11：環境への働きかけ] が重要な役割を果たす。それは，与えられた仕事において 〈㉝自発的な役割行動〉をとることや，自ら進んで 〈㉞上司や先輩の仕事ぶりを吸収〉していこうとする態度，上司や先輩に対して，〈㉟自分の希望のアピールや相談〉を行うといった能動的な姿勢であった。

　一方，組織からの働きかけである [12：人間関係による支援] も重要である。職場内の 〈㊱支えとなる人たちの存在〉や職場内外の 〈㊲同世代からの刺激〉が適応や成長を促していた。さらに，本人の 〈㊳成長に応じたマネジメント〉スタイルの変化や，〈㊴周囲からの承認〉が若年就業者の成長の実感を強めていた。また，入社前に 〈㊵会社の実態についての情報提供〉が行われていることによって疑問や葛藤

が低減されることもあった。

　また，若年就業者による［13：経験の意味づけ］は，初期適応のプロセス全体に影響を与えていた。［13：経験の意味づけ］は，過去の失敗や苦労を今の仕事につなげる〈㊶過去の経験の振り返り〉や，〈㊸現在と将来との関連づけ〉という時間的連続性の認識をもつことである。また，これらのプロセスは個人の内面だけで行われるのではなく，〈㊷他者から意味づけ〉られる場合もある。

2）カテゴリーごとの結果

　ここでは，研究①の分析テーマである「若年就業者の入社後3年間の組織社会化プロセスと職業的役割の探索プロセスとの関連づけ，および入社初期のキャリア発達を促進する要因」に関連するカテゴリーを中心に結果と考察を述べる。

（1）ファーストステップの意思決定

　最初の就職先の意思決定において，若者は「新入社員で入って，最初のほうはどこに入ってもそんなに違いはないのかなと思っていて。基本的な社会人としてのありかたを学ぶのが数年間はあるんだろうけど，それはどこに行っても学ばないといけなくて」（A氏〈❼基礎を学ぶための職場〉）や，「何かしら自分が勉強してきたことがいかせるかもしれないし。一番初めのキャリアとしてはいいのかなと」（D氏〈❻納得できる環境の選択〉）というように，職業人としての最初の時期をどのように過ごすかを基準にして意思決定を行っていることが確認された。

　これは，将来就きたい仕事や目指す働き方があったとしても，実現には何段階かのステップがあるという考え方が背景にあることを意味しており，［3：ファーストステップとしての意思決定］が行われていると考えられる。

（2）現実との直面

　入社後初期の段階では，［4：現実との直面］があり，その反応として，「つらかったのは，正直，数字とか資料とか作って，ほんとに誰かのためになっているのかなっていうのが，自分の肌感覚で得られなかったというのがすごいつらいときがあって」（B氏〈❾責任の大きさや仕事量の不適切さ〉）というように，現実の仕事に対して【4-1：疑問や葛藤】が生じることがある。これは，リアリティ・ショック（Hall, 2002；Hall & Schneider, 1973）として知られている反応である。

　その一方で，「どこかで多分，嫌だ，合ってないんだろうなってのは，ふつふつと

どっかにあったと思うんですけど，まあ。かといって「合ってない，合ってない」ってブーブー言うのも，どうかなと思ってたんで，そんなに。だってまだ１年めでしたしね」(D氏)と，まずは入社したばかりなので〈⑫とりあえずの受容〉という態度をとる場合があることも確認された。

(3) がむしゃらな仕事の習得

［5：がむしゃらな仕事の習得］では，〈⑭仕事の基本を叩き込まれ〉たり，〈⑯ひたすら勉強〉したりする日々が過ぎていく。このプロセスは若年就業者にとって，「なんか学ぶことばっかりで，その将来がどうとかっていうのは。ほんとになんかちょっと一瞬なくなった時期です」(H氏〈⑯ひたすら勉強〉)のように認識され，組織からの期待に応えることに精一杯の時期が存在することが確認された。

がむしゃらに仕事を学ぶプロセスでは，「ショックだったことは，まったく自分が役に立たないなっていうのを痛感したとき」(B氏)のように〈⑬自分の未熟さと直面〉することもある。しかし，そのような経験を通じて，次第に〈⑰コミュニケーションの重要性の学習〉が進み，〈⑱組織で働く現実〉を理解していく。例えば，上司との関係がうまくいかない時期があったFは「なんか今思えばもう少しこう，相手を受け入れる姿勢だったりとか，大人の姿勢，というのができたんじゃないのかな。それができてれば，ま，こっちが敵対視すれば向こうもやっぱり，敵対視してしまうし，それって，どっちが始まりか分からないけれども。絶対いい関係，ならないじゃないですか」〈⑰コミュニケーションの重要性の学習〉と述べ，悩んだ経験から組織における人間関係のつくり方を学習していた。

組織の現実を理解することによって，「がけから突き落とされた感じだったと思いますけど，頑張ってはい上がってました。でもやっぱりそれが＊＊(注：会社名)なのかなっていうふうに勝手に感じ取ってましたけど」(I氏)のように〈⑲現実の受容〉も進むことも確認された。これは，現実への驚きが意味生成のきっかけとなることを示したルイス(Louis, 1980)の意味形成アプローチと同様のプロセスであり，ショッキングな経験であっても，仕事や組織の学習を促進するきっかけとなることを表している。

(4) 働くことへの慣れ

［5：がむしゃらな仕事の習得］の時期に続く［6：働くことへの慣れ］の時期には，〈㉑担当を任された誇らしさ〉を覚え，自分自身の〈⑳成長を実感〉していた。例え

ば，H氏は1年目の終わりに任された仕事をやり遂げ，「でっかい仕事をちゃんとようやくできて，一人前になったのかって，一応，曲りなりにも最初から最後まで一人で頑張ったんで。そのときが一番うれしかったです」〈❷成長の実感〉のように述べている。一方，働くことに慣れる別の側面として，【6-2：このままでいいのか疑問】を覚えることも確認された。わかることが増えるにつれ「この会社入って1年半，何学んだろうみたいな」(F氏)のように〈❷まだまだこれからの自分〉と直面したり，組織の現実がわかるにつれ，「もう先が短いかなと。幾らスキルアップしてもここまでのラインかなと」(K氏)と今の仕事を通じた成長の限界がみえ，〈❷現状に対する焦りや不満〉を覚えたりしていた。

働くことに慣れる時期は，入社1年目の終わりから2年目にあたる。先行研究によれば，入社1-2年を経過した時期に組織コミットメントが低下することが知られており（若林, 1987；鈴木, 2002），組織の現実がみえてくることにより，現状への不満がつのる時期でもあると考えられる。

(5) 仕事や組織の変更

[7：仕事や組織の変更] が若年就業者の認識を変える契機になることもわかった。例えば，H氏は異動することによって上司が変わり「すごい，ギャップを感じて。自分でやらなきゃまずいなっていうか，(中略)，気づいたのが一番大きかったです」と，仕事への向き合い方を変える必要性に気づくきっかけとなっていた。また，退職を考えていたF氏は，異動の内示を受けたときのことを「今すぐに当てがあるわけじゃないから。とりあえずそこに行ってみて，やってみて，で，また考えればいいやっていう，ちょっと前向きな気持ちになり（ました）」と語り，異動を機に気持を切り替えていた。このように，仕事や組織が変わることによって，若年就業者は刺激を受け，前向きに仕事へ取り組むきっかけを得ていた。

(6) 職業人としての自己への気づき

働くことに慣れる時期に至ると，入社以来の経験を通じて [8：職業人としての自己への気づき] を得ることが確認された。例えば，E氏は「人事っていうカテゴリーにすごく興味があるので。それは結果論ですけどね。やってみたら興味があるっていう話なんですけど」〈❷仕事経験を通じた興味・能力への気づき〉と，配属をきっかけに興味ある分野を見出している。

(7) 自己と環境の再探索

［9：自己と環境の再探索］では，今の仕事の先に，より現実的な〈㉗当面の目標設定〉を行うこともあれば，現状ではまだ情報が足りないため〈㉘とり得る選択肢を模索〉することが確認された。例えば，E氏は「何か一通りやりたいっていうのがすごい強いんですよ。（中略）人事だったら聞けば分かるとか。そんなようなのが一つ，分かりやすいかなとは思ってます。けど，別にそれは，それ今思っていることであって。変わるかもしれないし」〈㉗当面の目標設定〉と，今後の変更可能性も視野に入れながら，現時点での目標を設定していた。

さらに自己への気づきや再探索を通じて〈㉙職業人としての主体性の自覚〉が生まれていた。D氏は異動をきっかけに自分のキャリアについて考えるようになり「はじめのキャリアだからで，理由つけて言っていくと結局，本当に考えたときに，なんでだろうってなっちゃうんですよね。根拠づけができないっていうか，結局だれかの何かの要因のせいにしたりするんですよね」と，自らの意思を明確にもつことの大切さを語っている。

また，［9：自己と環境の再探索］を構成する概念は，キャリア成熟度を構成するキャリア不透明性，キャリア意欲，キャリア主体性と類似の概念であり，入社後の職業経験を通じて，キャリア成熟が影響を受けるプロセスが確認された。

(8) 次のステップへの意思決定

再探索の結果［10：次のステップへの意思決定］が行われる。所属する会社の中で，次のステップを見出すことができていれば，その手段は転職とは限らない。例えば，C氏は「この会社にいる自分はここまでとかっていうような決め方を多分してるんだと思うんですね。なので，その中での部門部署っていうのは，ある程度自分の中では，どこ行っても，いいかなっていう気持ちはすごくありますね」と語り，いずれは転職もありうるが，まだ当面は可能性を広げる段階と意味づけて〈㉚当面は辞めない意思決定〉をしている。その一方で，転職活動を行うことによって次のステップをみつけ〈㉜転職を決断〉する場合もあれば，「やっぱり切りとしては3月とか。12月めどに，もう一回ちょっと。上司と相談しようかなとも思ってます」（J氏）のように，転職までは至らずとも〈㉛異動の意思表明〉を行うことを決めていることも確認された。このように，ファーストステップでの自信をつかんだ若年就業者は，次のステップに向けた意思決定を行うことによって，職業人としてのキャリアを積み重ねようと考えていることが確認された。

（9）環境への働きかけ

［11：環境への働きかけ］は，主に組織における学習を促進する要因として機能していた。例えば，［4：現実との直面］で生じた【4-1：疑問や葛藤】に対しては，「僕悩んだら，あんまり自分の中に押さえ込むんじゃなくて人に相談するので，周りの自分の上司とかいろんなところに発信していたんですけど」（B氏）のように〈㉟自分の希望のアピールや相談〉によって解決の糸口をつかんでいた。また，［5：がむしゃらな仕事の習得］の時期には，職場で起こる問題に対して「そこに応じたやり方っていうのはマニュアルじゃないんで。なので，それはもうそこにいる，営業の人からも意見聞いたりとかいろんな角度から見て，じゃあ自分はどう動くのかっていう」（K氏）というように，〈㉝自発的な役割行動〉によって対処していた。

また，仕事を覚えるプロセスにおいても「営業の方たちからも相談が多くて，で，信頼されているなっていう。自分もやっぱりそうなりたい」（B氏）のように自ら目標とした〈㉞上司や先輩の仕事ぶりの吸収〉によって，主体的に学ぼうとする姿勢が確認された。

（10）人間関係による支援

［12：人間関係による支援］は，適応プロセスの随所で確認された。例えば，「結局僕が会社に残ったのは，本当にbさんがいたからっていうのは大きいですね」（G氏）のように，〈㊱支えとなる人たちの存在〉が［4：現実との直面］や［5：がむしゃらな仕事の習得］［6：働くことへの慣れ］に至る組織における学習の期間全体を通じた拠り所となっていた。また，「周りで違う世界にチャレンジしていく仲間とかいて，自分もうかうかしていられないなと」（B氏）というように〈㊲同世代からの刺激〉によって［9：自己と環境の再探索］が促されるプロセスも確認された。また，自分自身の成長を実感する上で，「それはもう現場の人に「＊＊さんがいてくれてよかった」って言われたときは，うれしかったですね」（G氏）といった〈㊳周囲からの承認〉は大きな役割を果たしていた。

上司のマネジメントスタイルの変化も若年就業者の成長を促すきっかけとなる。例えば，H氏は比較的大きな仕事を任されたときの上司のマネジメントの変化を「急にガラッと，こう，「おまえだめなやつだ」みたいな感じのスタンスで。すごい方向転換みたいな感じがします」と語っている。

(11) 経験の意味づけ

［13：経験の意味づけ］は，適応プロセス全体に影響を与え，組織における学習と，職業的役割の探索をつなぐ役割を果たす要因であることが確認された。

〈㊶過去の経験の振り返り〉は，例えば「1年目のときからやっているんですけど，ノートに書き留めてましたね，ずーっと。失敗したことを事細かに書いてました。1年目のときはほんとに同じミスができないところにいたので，何かやる前に，こう朝会社に行ってまずそのノートをみてから業務を始めるようにしていました」(B氏)のように仕事の習得に生かされていた。さらに，より長いスパンで振り返ることによって「今度こそ，やりかけで終わらせたくないというのは思ってて」(F氏)というように過去の悔しい思いが，がむしゃらな仕事への取り組みへとつながっていた。

一方，「長い目で見たときにずっとこれでいいのかっていうのは思うと若干モチベーション下がりますね。(中略)もっと違うミッションで仕事をしたいというのもあるので」(J氏)のように〈㊸現在の仕事と将来との関連づけ〉を行うことによって，今とは違う可能性を模索する［9：自己と環境の再探索］へつながることもわかった。

また，［13：経験の意味づけ］は自ら行うだけでなく，他者からの助言や情報によって行われることも確認された。例えば，関西出身のC氏は，配属された職場で関西弁を直すよう指導され，納得のいかない気持ちになったが，同郷の友人から「「こいつ，関西弁で，やたらなれなれしいしいなと思われて，それだけで自分の人間性決められたら，ただ単にそれはもう損なだけや」って言って。「そこを割り切られへんのは，損や」って言われて」というように，自分とは異なる他者から意味づけをされることによって【4-1：疑問や葛藤】を乗り越えていた。

尊敬する社外の知人からの助言による，［13：経験の意味づけ］も確認された。「年を重ねて，いろいろ経験をしていくと，なんかその，いい意味であきらめがつく。自分のこう，世界が見えてくるみたいなこと，昔言われたことがあって。いや，でもって，当時は思ってたんですよね」という助言とそれに対する反発が，経験を経ることで「置かれた環境で，新たな道を開拓していくっていうのもありかなあっていうのを，ちょっと考え始めた。常にやりたい方向，やりたい方向へって，そこに持ってくことだけに，自分を持っていくんじゃなくて」(F氏)という働く上での価値観への気づきにつながっていた。このように，他者と自己との違いを認識することが，自己への気づきのきっかけとなることも確認された。

■ 1-3 入社後3年間のキャリア発達プロセスに関する考察

　研究①におけるリサーチクエスチョンは,「①個人が職業的役割を探索するプロセスと,入社後3年間の組織社会化のプロセスは,どのような関係にあるのか」「②入社初期段階のキャリア発達を促進するのはどのような要因か」の2点であった。そこで,それぞれに基づいて考察を行い,最後に残された課題について述べる。

1）個人が職業的役割を探索するプロセスと,入社後3年間の組織社会化との関係

　若年就業者は,組織参入後,働くことに慣れる状態に至るまでの間,H氏の「なんか学ぶことばっかりで,その将来がどうとかっていうのは,ほんとになんかちょっと一瞬なくなった時期です」〈⓰ひたすら勉強〉という発言にもあるように,自らの職業的な役割を探索するための行動を中断していることが明らかになった。これは,若年就業者にとって,入社初期の組織適応のプロセスが,職業人としての自立に向けたファーストステップとして位置づけられているためであると考えられる。つまり,ファーストステップと認識しているからこそ,疑問や葛藤を覚えたとしても,組織に留まり適応することに意味を見出すことができているといえるだろう。これは,大庭・藤原（2008）で示された「今」を必要な時期と意味づける認知と共通する知見であるが,研究①ではさらに,初期の職業経験に「ファーストステップ」という意味を与えているという仮説を提示することができた。

　そして,初期の職業経験は,職業人としての自己を理解する手がかりとなり,結果として当面の目標設定を行うといった再探索を促していた。これは,仕事への積極的な取り組みや,仕事への取り組みに対する自信がキャリア不透明性を低下させ,職業的なキャリア発達を促進することを実証した岡田・金井（2006）とも一致する結果である。しかし,岡田・金井は,自らのキャリアにおける目標設定を行う前段階に,キャリアにおける主体性や意欲が位置づけている。一方,研究①で明らかになった自己と環境の再探索のプロセスでは,自己の目標の設定や,意欲的な探索を経て,職業人としての主体性が獲得されることが確認されており,主体性の位置づけが異なっている。岡田・金井の研究における調査対象者は,30-40歳代が中心となっており,調査対象とした世代が直面している発達課題が影響していると考えられる。つまり,入社3年程度の若年就業者にとっては,自らのキャリアについて責任の自覚をもつことが重要な発達課題であるのに対し,中年期以降の成人にとっては,これからのキャリアの目標をどう再設定するかということが重要な発達課題となっていることが推察される。

2) 若年就業者のキャリア発達を促進する要因

　研究①を通じて，他者から支援を得ていると感じられることが，役割を学習し，働くことへ慣れるプロセスを促進する要因であることが確認された。従来から上司や先輩の支援の有効性が指摘されてきた（Major et al., 1995；若林他, 1980）が，研究①においては，上位者からの支援だけでなく，同世代から受けるさまざまな刺激が，適応を促進していることが明らかになった。教育機関から職場への移行によって新たな関係性が求められる若年就業者にとっては，これまでの学生生活において中心的であった同世代との関係性が，心理的な支えとなることは容易に想像できる。道谷（2007）においても，同僚からのサポートが，入社6か月時点における「せっかくこの会社に入ったのだから頑張ろう」という機会の認識へ影響を与えていることが確認されている。同世代との関係性を構築・維持できる環境づくりの重要性が示唆される。

　また，研究①では，組織適応のプロセスと職業的役割の探索プロセスともに，若年就業者自身による経験の意味づけが重要な役割を果たしていることが明らかになった。

　特に注目すべきは，経験の意味づけにおいて他者からの助言や情報の重要性が確認された点である。他者との対話を通じた意味づけの重要性は，キャリア発達論の新たな流れにおいても注目されている。サビカス（Savickas, 2005）は，環境変化の激しい今日の社会状況を踏まえ，現在の職業人に合ったキャリアを構築する上で，社会構成主義の有用性を指摘している。社会構成主義においては，自然や自己についての「正確」で「客観的」な説明というものは，実は社会過程の産物であり，人々の間で構成されたものであると考えられている（McNamee & Gergen, 1992）。つまり，経験を意味づけ，職業人としての自己を確立させていくプロセスにおける他者との対話の重要性が示されており，研究①の結果もその重要性を支持する結果となった。

　そして，研究①では，同郷の友人（C氏）や社外の尊敬できる知人（F氏）といった社外の人間関係を通じて，経験を意味づけているケースもみられた。組織内の新たな人間関係を構築する過程にある若年就業者にとって，学生時代からのコミュニティなどで構築された人間関係を維持しておくことの重要性が示唆された。

3) キャリア・アダプタビリティとの関連

　研究①で明らかになった若年就業者のキャリア発達プロセスと，キャリア発達を促進する要因を実践的な場面に適用するためには，既存の概念との関連を明らかに

することによって，新たな知見の位置づけを明示する必要があると考えられる。そこで，成人期のキャリア構築のためのリソースであるキャリア・アダプタビリティとの関連を考察する。

19頁で先述したようにサビカス（Savickas, 2005）によれば，キャリア・アダプタビリティは「個人がキャリア構築するために重要となる課題や移行期を乗り越える際のリソースや方策」と定義されている。この定義と，研究①で明らかになったカテゴリーや概念とを照らし合わせると，組織における役割の学習や職業的役割の探索という発達課題の達成に影響を与えている［11：環境への働きかけ］や［13：経験の意味づけ］がキャリア・アダプタビリティに該当すると考えられる。これらのカテゴリーは，日常の職務遂行を通じて，若年就業者が直面している発達課題を乗り越えるよう促す要因として位置づけられる。

一方，組織における役割の学習と職業的役割の探索をつなぐカテゴリーである【6-1：地に足がつく】や［8：職業人としての自己への気づき］も，教育機関から職場への移行を乗り越える上で重要なカテゴリー（サブカテゴリー）であり，キャリア・アダプタビリティに該当すると考えられる。これらのカテゴリーは，就職活動からスタートする教育機関から職場への移行プロセスを終える上で必要な通過点として位置づけられる要因となっている。

さらに，職業的役割の探索プロセスの最終段階である［10：次のステップへの意思決定］に対して影響を与えている［9：自己と環境の再探索］は，意思決定を行う上での準備に関する内容を表しており，キャリア成熟に該当すると考えられる。つまり，若年就業者のキャリア・アダプタビリティの発揮は，次のステップへの意思決定のレディネスとしてのキャリア成熟度へ影響を与えるという関係も確認された。

このように，研究①で明らかになった複数のカテゴリーと，キャリア・アダプタビリティやキャリア成熟との間に関連を見出すことができた。今後，若年就業者がキャリアを構築する上で重要なリソースや方策を明らかにする上で，研究①の知見を活用することができると考えられる。

4）残された課題

研究①を終えて残された課題としては以下の二点が挙げられる。

第一に，研究①では，修正版M-GTAを採用し，特定の会社出身の若年就業者へのインタビューを通じて，分析テーマに対する一定の結論と，新たな知見を得ることができた。しかし，これらは限られた範囲での結果であり，一般化の判断は慎重

に行う必要がある。特に，今回の結果を理系出身者や，他業界においても有用かどうかを幅広く検証することが求められる。

第二に，今回の対象者に含まれる転職経験者は，離職の時点で組織へ適応するという発達課題を乗り越えている状態であった。そのため，組織へ適応することなく離職した者について検討できていない。今後，組織適応に至らず転職した者の，その後の職業生活への適応プロセスを明らかにすることによって，早期離職後の支援のあり方を検討する必要があると考えられる。

2 若年就業者のキャリア・アダプタビリティ尺度の作成：研究②

■ 2-1 研究の目的と方法

研究①を通じて，組織社会化と職業的役割の探索との関連を踏まえた若年就業者のキャリア発達プロセスが明らかにされたが，実際の若年就業者支援において本知見を有効に活用するには，若年就業者のキャリア発達の状態を把握し，支援の方策を検討するためのアセスメントツールが必要である。そこで，研究②では，若年就業者のキャリア構築に必要なリソースや方策をアセスメントすることを目的としたキャリア・アダプタビリティ尺度を作成する。具体的には以下の方法で検討を進めた。

1）分析の方法

（1）調査対象者

20歳代の入社3年目までの大卒正社員もしくは契約社員で，現在所属している会社に新卒として入社した者を対象とした。

（2）調査期間

調査は2010年3月に実施された。

（3）調査方法

インターネット調査会社に登録しているモニター[4]へ協力を依頼し，インターネット上の質問項目に回答する方法により，258名の回答を得た。

第3章　大卒若年就業者のキャリア発達についての研究

表3-3　キャリア・アダプタビリティに該当する概念

カテゴリー	概　　念	性　　質
環境への働きかけ	自発的な役割行動	促進的要因
	上司や先輩の仕事ぶりの吸収	
	自分の希望のアピールや相談	
経験の意味づけ	過去の経験の振り返り	
	他者による意味づけ	
	現在と将来との関連づけ	
地に足がつく	成長の実感	プロセス的要因
	担当を任された誇らしさ	
職業人としての自己への気づき	仕事経験を通じた興味・能力への気づき	
	仕事経験を通じた働く上での価値観への気づき	

(4) 質問紙の構成

質問紙は，研究①を通じて生成された概念のうち，キャリア・アダプタビリティの定義に基づき「発達課題を乗り越えるためのリソースや方策」に該当すると判断された概念によって構成された。

さらに，キャリア・アダプタビリティに該当する概念は，発達課題の達成を促進する概念（促進的要因）と，発達課題の達成に必要な通過点としての性質をもつプロセス的な概念（プロセス的要因）に分類されるため，今後の検討は別々に行うこととした（表3-3）。なお，質問項目の一覧を表3-4として示している。

①環境への働きかけ　研究①において生成されたカテゴリーである「環境への働きかけ」は，「自発的な役割行動」「上司や先輩の仕事ぶりの吸収」「自己の希望のアピールや相談」の3概念より構成される。「自発的な役割行動」に対しては，「任された仕事は，どんなことがあっても最後までやり遂げようとしている」「新しい仕事を任される機会には，進んでそれに取り組んでいる」など5項目を設定した。「上司や先輩の仕事ぶりの吸収」に対しては，「上司や先輩からのフィードバックを自分から進んで求めている」「モデルとなる上司や先輩の振る舞いから仕事のやり方を学んでいる」など3項目を設定した。「自己の希望のアピールや相談」に対しては，「自分がやりたい仕事や興味のある仕事を上司や先輩に伝えている」「社内の知らない人

---

4) 本調査は，ヤフー・バリュー・インサイトパネルを利用したインターネット調査であり，日本全国に在住の20-29歳の方を対象として調査依頼を行った。

に対しても自分から声をかけ，知り合いを増やすようにしている」など3項目を設定した。

②経験の意味づけ　研究①において生成されたカテゴリーである「経験の意味づけ」は，「過去の経験の振り返り」「他者による意味づけ」「現在と将来との関連づけ」の3概念より構成される。そこで，それぞれの概念に対応する質問項目を新たに作成した。「過去の経験の振り返り」に対しては「仕事に生かすために，これまで学んだことや経験したことを振り返るようにしている」「過去の経験から学んだことを日々の仕事の中で生かしている」など4項目を設定した。「他者による意味づけ」に対しては，「人の話から刺激を受け，自分の態度や考え方を見直すことが多い」「様々な人の働き方を観察し，自分との共通点や違いについて考えることが多い」の2項目を設定した。「現在と将来との関連づけ」に対しては，「今の仕事を通じて，この先どのように成長していけそうか考えることが多い」「今やっている仕事の先に，どのような可能性があるかを考えることが多い」など3項目を設定した。

③地に足がつく　研究①において生成されたサブカテゴリーである「地に足がつく」は，「成長の実感」と「担当を任された誇らしさ」の2概念より構成される。これらの概念は，道谷（2007）で明らかにされた新入社員の組織適応を促進する要因として明らかにされた見通しの一部である「自信」と類似する概念である。そのため，道谷（2007）を参考に「今の仕事は，自分の能力で十分にこなしていける」「今の仕事を通じて成長している実感がある」など5項目を設定した。

④職業人としての自己への気づき　研究①において生成されたカテゴリーである「職業人としての自己への気づき」は，「仕事経験を通じた興味・能力への気づき」「仕事経験を通じた働く上での価値観への気づき」の2概念より構成される。そこで，それぞれの概念に対応する質問項目を新たに作成した。「仕事経験を通じた興味・能力への気づき」に対しては，「仕事の経験を通じて，自分の強みや弱みがよく分かるようになってきた」「仕事の経験を通じて，自分の関心の方向性がよく分かるようになってきた」など4項目を設定した。「仕事経験を通じた働く上での価値観への気づき」に対しては，「仕事の経験を通じて，自分の考え方や価値観がよく分かるようになってきた」「入社した頃と比べると，仕事を進める上での考え方や価値観が変化してきた」の2項目を設定した。

なお，以上の各質問項目について5段階（非常によくあてはまる，よくあてはまる，少しあてはまる，あまりあてはまらない，全くあてはまらない）で回答を求めた。

⑤個人属性　年齢，性別，雇用形態，企業規模，勤続年数，職種，業種，最終

第3章 大卒若年就業者のキャリア発達についての研究

表3-4 質問項目の一覧

●環境への働きかけ	
自発的な役割行動	1. 日ごろから仕事の質を高めるための工夫をしている
	2. 任された仕事は、どんなことがあっても最後までやり遂げようとしている
	3. 新しい仕事を任される機会には、進んでそれに取り組んでいる
	4. 失敗をしてもあきらめずに物事に取り組んでいる
	5. 自分にとって難しいと思うことに率先して取り組んでいる
上司や先輩の仕事ぶりの吸収	6. 上司や先輩からのフィードバックを自分から進んで求めている
	7. 仕事上の関係者のニーズや期待を知るために自分から働きかけている
	8. モデルとなる上司や先輩の振る舞いから仕事のやり方を学んでいる
自分の希望のアピールや相談	9. 職場の上司や先輩、同僚との関係を深められるように、自分から話しかけるなどして働きかけている
	10. 社内の知らない人に対しても自分から声をかけ、知り合いを増やすようにしている
	11. 自分がやりたい仕事や興味のある仕事を上司や先輩に伝えている
●経験の意味づけ	
過去の経験の振り返り	1. 仕事に生かすために、これまで学んだことや経験したことを振り返るようにしている
	2. 過去の経験から学んだことを日々の仕事の中で生かしている
	3. 過去の経験と、現在の仕事との共通点や違いを振り返り、仕事の進め方を見直している
	4. これまでの成功や失敗の体験が、今の自分に役立っていると思うことが多い
他者による意味づけ	5. 人の話から刺激を受け、自分の態度や考え方を見直すことが多い
	6. 様々な人の働き方を観察し、自分との共通点や違いについて考えることが多い
現在と将来との関連づけ	7. 今の仕事を通じて、この先どのように成長していけそうか考えることが多い
	8. 今やっている仕事の先に、どのような可能性があるかを考えることが多い
	9. 今の仕事を通じて、この先どのような経験や知識、スキルを蓄積していきたいかよく考える
●地に足がつく	
	1. 今の仕事は、自分の能力で十分にこなしていける
	2. 任された仕事を期待通りにやり遂げる自信がある
	3. 今の仕事で自分の能力を十分に発揮していけそうである
	4. 今の仕事を通じて成長している実感がある
	5. 自分は会社や職場にとって必要な人間であると感じている
●職業人としての自己への気づき	
仕事経験を通じた興味・能力への気づき	1. 仕事の経験を通じて、自分の強みや弱みがよく分かるようになってきた
	2. 実際に仕事をしてみると、入社前に自分が思っていた強みや弱みとは違う持ち味が見えてきた
	3. 仕事の経験を通じて、自分の関心の方向性がよく分かるようになってきた
	4. 入社した頃と比べると、自分の興味や関心の方向性が変化してきた
仕事経験を通じた働く上での価値観への気づき	5. 仕事の経験を通じて、自分の考え方や価値観がよく分かるようになってきた
	6. 入社した頃と比べると、仕事を進める上での考え方や価値観が変化してきた

学歴をたずねた。

■ 2-2 分析の結果
1) 回答者の属性

回答者の性別は,「男性」が 47.3%,「女性」が 52.7%であった。現在の雇用形態は,「正社員」が 95.7%であり,「契約社員」が 4.3%であった。勤務先の企業規模は,「300 人未満」が 34.1%,「300 人以上 1000 人未満」が 21.7%,「1000 人以上」が 39.5%であった。勤続年数は,「1 年目」が 34.5%,「2 年目」が 32.2%,「3 年目」が 33.3%であった。職種は,「専門・技術職」が 43.0%,「事務・営業職」が 39.5%,「その他」が 17.4%であった。

2) 因子分析の結果

(1) 促進的要因に関する因子分析結果

若年就業者のキャリア・アダプタビリティのうち,促進的要因を測定するために新たに作成した 20 項目について,「全くあてはまらない」を 1 点,「あまりあてはまらない」を 2 点,「少しあてはまる」を 3 点,「よくあてはまる」を 4 点,「非常によくあてはまる」を 5 点として得点化した後,主成分解・プロマックス回転による因子分析を行った。その結果,3 因子が抽出されたが,第 1 因子と第 3 因子に,因子負荷量が 0.4 を下回る項目が 1 項目ずつ含まれていたため,それら 2 項目を除く 18 項目について再度因子分析を行った。固有値の変化(7.83, 1.57, 1.40, 0.96)から 3 因子解を採用した(累積寄与率 60.0%)。パターン行列と因子間相関を表 3-5 に示す。

第 1 因子には,「過去の経験から学んだことを日々の仕事の中で生かしている」など,「経験への意味づけ」のうち過去の振り返りに関する項目や,今の仕事と将来との関連づけ,仕事を学ぶ方法に関する 9 項目の負荷が高く,「経験の活用」と命名した。第 2 因子には,「上司や先輩からのフィードバックを自分から進んで求めている」など「環境への働きかけ」のうち,対人関係に関する 5 項目の負荷が高く,「周囲への働きかけ」と命名した。第 3 因子には,「失敗をしてもあきらめずに物事に取り組んでいる」など「環境への働きかけ」のうち課題への取り組み方を示す 4 項目の負荷が高く,「自発的な役割行動」と命名した。

(2) プロセス的要因に関する因子分析結果

若年就業者のキャリア・アダプタビリティのうち,プロセス的要因を測定するた

第3章　大卒若年就業者のキャリア発達についての研究　53

表 3-5　キャリア・アダプタビリティ項目（促進的要因）の因子分析結果

項　　目	パターン行列		
	I	II	III
1．経験の活用			
過去の経験から学んだことを日々の仕事の中で生かしている	.84	.02	-.11
過去の経験と，現在の仕事との共通点や違いを振り返り，仕事の進め方を見直している	.78	.18	-.12
仕事に生かすために，これまで学んだことや経験したことを振り返るようにしている	.72	.22	-.20
今の仕事を通じて，この先のどのような経験や知識，スキルを蓄積していきたいかよく考える	.65	-.06	.23
今やっている仕事の先に，どのような可能性があるかを考えることが多い	.64	-.20	.28
これまでの成功や失敗の体験が，今の自分に役立っていると思うことが多い	.63	-.06	.12
今の仕事を通じて，この先どのように成長していけそうか考えることが多い	.48	-.09	.36
モデルとなる上司や先輩の振る舞いから仕事のやり方を学んでいる	.44	.33	-.08
人の話から刺激を受け，自分の態度や考え方を見直すことが多い	.41	.02	.29
2．周囲への働きかけ			
上司や先輩からのフィードバックを自分から進んで求めている	-.09	.77	.02
自分がやりたい仕事や興味のある仕事を上司や先輩に伝えている	.01	.70	-.01
仕事上の関係者のニーズや期待を知るために自分から働きかけている	.14	.69	-.02
社内の知らない人に対しても自分から声をかけ，知り合いを増やすようにしている	.01	.65	.11
職場の上司や先輩，同僚との関係を深められるように，自分から話しかけるなどして働きかけている	.04	.43	.27
3．自発的な役割行動			
失敗をしてもあきらめずに物事に取り組んでいる	-.02	-.05	.79
新しい仕事を任される機会には，進んでそれに取り組んでいる	.02	.08	.73
自分にとって難しいと思うことに率先して取り組んでいる	-.06	.33	.57
任された仕事は，どんなことがあっても最後までやり遂げようとしている	-.02	.02	.56
回転後の負荷量平方和	6.39	5.31	5.03
因子相関行列	I	II	III
I	1.00	.63	.61
II		1.00	.50
III			1.00

めに新たに作成した11項目について，「全くあてはまらない」を1点，「あまりあてはまらない」を2点，「少しあてはまる」を3点，「よくあてはまる」を4点，「非常によくあてはまる」を5点として得点化した後，主成分解・プロマックス回転による因子分析を行った。固有値の変化（4.42, 2.51, 0.90）から2因子解を採用した（累積寄与率63.0%）。パターン行列と因子間相関を表3-6に示す。

第1因子には，「仕事の経験を通じて，自分の考え方や価値観がよく分かるようになってきた」など「職業人としての自己への気づき」を構成する6項目の負荷が高く，「新たな自己への気づき」と命名した。第2因子には，「任された仕事を期待通りにやり遂げる自信がある」など「地に足がつく」を構成する5項目の負荷が高く，「職務遂行への自信」と命名した。

表 3-6 キャリア・アダプタビリティ項目（プロセス的要因）の因子分析結果

項目	パターン行列	
	I	II
1. 新たな自己への気づき		
仕事の経験を通じて，自分の考え方や価値観がよく分かるようになってきた	.79	.05
仕事の経験を通じて，自分の関心の方向性がよく分かるようになってきた	.78	.06
入社した頃と比べると，仕事を進める上での考え方や価値観が変化してきた	.77	-.06
実際に仕事をしてみると，入社前に自分が思っていた強みや弱みとは違う持ち味が見えてきた	.73	-.04
仕事の経験を通じて，自分の強みや弱みがよく分かるようになってきた	.71	-.02
入社した頃と比べると，自分の興味や関心の方向性が変化してきた	.71	.01
2. 職務遂行への自信		
任された仕事を期待通りにやり遂げる自信がある	-.09	.90
今の仕事は，自分の能力で十分にこなしていける	-.11	.77
今の仕事で自分の能力を十分に発揮していけそうである	.01	.76
自分は会社や職場にとって必要な人間であると感じている	.13	.66
今の仕事を通じて成長している実感がある	.25	.42
回転後の負荷量平方和	3.67	2.87
因子相関行列	I	II
I	1.00	.27
II		1.00

3) 各尺度の信頼性

各因子について信頼性係数（α係数）を算出したところ，周囲への働きかけ（.83），自発的な役割行動（.81），経験の活用（.89），新たな自己への気づき（.88），職務遂行への自信（.85）と高く，満足できる水準にあった。

4) 各尺度の基本統計量

各尺度について，項目得点の合計を項目数で割り，尺度得点を算出した。各尺度の基本統計量を算出した結果を表3-7に示す。促進的要因のうち，「周囲への働きかけ」は3.06であったが，仕事への積極的な姿勢を示す「自発的な役割行動」は3.50，「経験の活用」は3.46であった。プロセス的要因のうち，「新たな自己への気づき」は3.14，「職務遂行への自信」は3.04であった。

■ 2-3 若年就業者のキャリア・アダプタビリティに関する考察

研究②では，若年就業者のキャリア発達をアセスメントするためのキャリア・アダプタビリティ尺度を作成することを目的に，質問紙調査を実施した。前節の質的研究（研究①）を通じて生成された概念のうち，発達課題を達成するためのリソースや方策に該当する概念について新たな質問項目を作成し，因子分析を行った。そ

表 3-7 各尺度の平均, 標準偏差およびα係数

n=258

		平均	標準偏差	α係数
促進的要因	1. 周囲への働きかけ	3.06	.76	.83
	2. 自発的な役割行動	3.50	.72	.81
	3. 経験の活用	3.46	.69	.89
プロセス的要因	4. 新たな自己への気づき	3.14	.76	.88
	5. 職務遂行への自信	3.04	.80	.85

の結果, 促進的要因である「周囲への働きかけ」「自発的な役割行動」「経験の活用」, プロセス的要因である「新たな自己への気づき」「職務遂行への自信」という2要因計5下位尺度からなる若年就業者版のキャリア・アダプタビリティ尺度を作成することができた。

質問項目の作成にあたっては, 前節の質的研究（研究①）を通じて生成された概念やカテゴリーを活用した。因子分析の結果, おおむね, 当初のカテゴリーや概念を踏襲する結果が得られたが, 一部, 経験の意味づけを構成していた「他者による意味づけ」が独立した因子として抽出されなかった。他者から有意義な意味づけを得られる経験は, 周囲の環境に影響を受けると考えられ, 個人の態度や行動だけではない要因が複合的に影響している可能性がある。今後, 環境要因も含めたモデルを分析し, 経験の活用との関連を検討することにより, 他者による意味づけの影響を明らかにする必要があると考えられる。

3 キャリア発達と組織社会化および適応との関連性：研究③

本節では, 第1節の研究①で明らかにされた組織社会化とキャリア成熟, 組織への適応との関連を質問紙調査により量的に検討する。

■3-1 目的と方法

研究①では若年就業者の発達課題の関係を検討し, 入社3年間のキャリア発達のプロセスを探索的に検討した。これらの知見を若年就業者のキャリア発達の支援に役立てるためには, さまざまな要因間の関係性を明らかにし, キャリア発達を促す道筋を明らかにする必要がある。そこで, 研究③では, 先行研究で得られた知見を統合した, 若年就業者の入社後3年間におけるキャリア発達モデルを実証的に検討

することを目的とする。

若年就業者の発達課題である所属する組織社会化（組織における役割の学習）と職業的役割の探索，ならびに若年就業者の適応との関係について，先行研究より得られた示唆から，以下六つの仮説を設定する。

研究①のインタビュー調査の結果から，若年就業者の職業人としての自立度の高まりの結果として，離転職意思が高まることが示された。道谷ら（2012）では，入社後のキャリア成熟度が，職務満足度を高める一方で，離転職意思を高めることが確認され，若年就業者の適応（職務満足度の高まりと離転職意思の低下）のレディネスであるべきキャリア成熟度が，発達課題の達成を阻害する可能性が示された。そこで，キャリア成熟度は組織への適応に対して多様な影響を与える可能性があることから，以下の仮説を設定する。

> 仮説1：キャリア成熟度は職務満足度に対して正の影響を与え，離転職意思に対しても正の影響を与える。

道谷ら（2012）では，役割の学習がキャリア成熟に影響を与えることが確認された。さらに研究①より，役割の学習が，キャリア・アダプタビリティのプロセス的要因（「新たな自己への気づき」「職務遂行への自信」）を介して，キャリア成熟へ影響を与える可能性が示唆された。

そこで，若年就業者の役割の学習とキャリア・アダプタティビティ，およびキャリア成熟度との関連について以下の仮説を設定する。

> 仮説2：役割の学習は，キャリア・アダプタビリティのプロセス的要因に正の影響を与える。
> 仮説3：キャリア・アダプタビリティのプロセス的要因は，キャリア成熟度へ正の影響を与える。

若年就業者のキャリア発達を促進する要因について以下の三つの仮説を設定する。

研究①より，キャリア・アダプタビリティの促進的要因（「周囲への働きかけ」「自発的役割行動」「経験の活用」）は，役割の学習を促進すると考えられることから，以下の仮説を設定する。

> 仮説4：キャリア・アダプタビリティの促進的要因は，役割の学習へ正の影響を与える。

　研究①より，キャリア・アダプタビリティの促進的要因はキャリア・アダプタビリティのプロセス的要因を介して，キャリア成熟度に影響を与えると考えられることから，以下の仮説を設定する。

> 仮説5：キャリア・アダプタビリティの促進的要因は，キャリア・アダプタビリティのプロセス的要因に正の影響を与える。

　研究①より，上司や先輩，同僚からのサポートは，役割の学習を促進するとともに，キャリア・アダプタビリティのプロセス的要因を促し，キャリア成熟度に影響を与え，適応を促進すると考えられることから，以下の仮説を設定する。

> 仮説6：人間関係による支援は，役割の学習，キャリア・アダプタビリティのプロセス的要因，キャリア成熟度，職務満足度に正の影響を与え，離転職意思に負の影響を与える。

　上記仮説1–6を図示したものが図3-2である。
　具体的には以下の方法で検討を進めた。

1) 方　　法

(1) 調査対象者
　20歳代の入社3年目までの大卒正社員もしくは契約社員で，現在所属している会社に新卒として入社した者を対象とした。

(2) 調査期間
　調査は2010年3月に実施された。

(3) 調査方法
　インターネット調査会社に登録しているモニターへ協力を依頼し，インターネット上の質問項目に回答する方法により，258名の回答を得た。

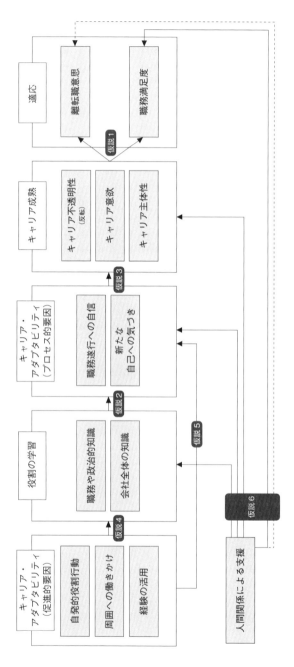

図 3-2 若年就業者の統合的キャリア発達モデル
※実線は正の影響，点線は負の影響を表す

なお，研究③は研究②と同一の調査データに基づいて行われた。

(4) 質問紙の構成

研究②で検討した若年就業者版キャリア・アダプタビリティ尺度に加え，以下の質問項目から構成された。

①役割の学習　小川（2005b）が作成した組織社会化の一次的成果項目である職務や集団、組織の知識習得を問う項目のうち9項目を用いた道谷ら（2012）をもとに，「職務や政治的知識」6項目と「会社全体の知識」3項目を用いることとした。

②人間関係による支援　森・三浦（2006）によるソーシャル・サポートに関する項目を参考に，一部項目を追加するとともに，誰からのサポートかを明確にするために支援者別に「上司サポート」7項目，「先輩サポート」6項目，「同僚サポート」7項目を作成した。

③若年就業者の適応　小川（2005b）をもとに「職務満足度」3項目，労働政策研究・研修機構（2007）をもとに「離転職意思」3項目を用いることとした。

なお，各質問項目について5段階（非常によくあてはまる，よくあてはまる，少しあてはまる，あまりあてはまらない，全くあてはまらない）で回答を求めた。

質問項目の一覧を表3-8に示す。

表3-8　質問項目の一覧（キャリア・アダプタビリティを除く）

●役割の学習	
会社全体の知識	1. この会社の具体的製品名やサービス名は，よく知っている
	2. この会社の歴史はよく知っている（誰が創業し，どんな事業を展開してきて現在に至るのかなど）
	3. 部門同士の関係といった，この会社の構造はよく知っている
職務や政治的知識	4. 誰に影響力があるのか，出世するにはどうしたらいいのかといった，部署内の政治については，よく理解している
	5. 職場集団で仕事をするとき，その基準に従って仕事をする方法はよくわかっている
	6. 部門の同僚が，職場にどんな知識や技術（スキル）をもたらしているのか，よくわかっている
	7. 職場における自分の役割は，よくわかっている
	8. 自分自身の仕事が，会社全体において，どう役立っているのか，よくわかっている
	9. 上司や顧客から，どんなレベルの仕事が求められているのかは，よくわかっている

表 3-8 質問項目の一覧（キャリア・アダプタビリティを除く）（つづき）

●人間関係による支援	
上司サポート	1. 上司はいろいろと相談にのってくれる
	2. 上司は問題解決のためにアドバイスをくれる
	3. 上司はあなたの仕事のフォローをしてくれる
	4. 上司は一緒に対処してくれる
	5. 上司はあなたの行動や考えを支持してくれる
	6. 上司はあなたのことを理解し，認めてくれる
	7. 上司はあなたの成長に応じて仕事を任せてくれる
先輩サポート	8. 先輩はいろいろと相談にのってくれる
	9. 先輩は問題解決のためにアドバイスをくれる
	10. 先輩はあなたの仕事のフォローをしてくれる
	11. 先輩は一緒に対処してくれる
	12. 先輩はあなたの行動や考えを支持してくれる
	13. 先輩はあなたのことを理解し，認めてくれる
同僚サポート	14. 同僚はいろいろと相談にのってくれる
	15. 同僚は問題解決のためにアドバイスをくれる
	16. 同僚はあなたの仕事のフォローをしてくれる
	17. 同僚は一緒に対処してくれる
	18. 同僚はあなたの行動や考えを支持してくれる
	19. 同僚はあなたのことを理解し，認めてくれる
	20. 同僚の言動から刺激を受ける
●キャリア成熟度	
キャリア不透明性	1. これからのキャリアで何を目標とすべきか，まだわからない
	2. これからのキャリアについて，明確な見通しをもっていない
	3. 自分が望むキャリアを形成するために，具体的な計画を立てている (R)
	4. 自分が期待しているようなキャリアを，この先実現できると確信している (R)
	5. キャリア形成はしたいが，どうしたらいいかわからない
キャリア意欲	6. これからのキャリア設計は，自分にとって重要な課題である
	7. 自分のこれからのキャリアには，あまり関心がない (R)
	8. キャリア形成に関する話は，意識して聞こうとしている
	9. これからのキャリアで，取り組んでいきたいことがいくつもある
キャリア主体性	10. キャリア形成は，自分自身の責任である
	11. 納得いくキャリアを歩めるかどうかは，自分の責任だと思う
	12. 納得いくキャリアを歩めない原因の大半は周囲の環境にある (R)
●組織への適応	
職務満足度	1. 今の会社での仕事は，基本的に楽しい
	2. 今の仕事に満足していると思う
	3. 全体として，今の会社での仕事生活には満足している
離転職意思	4. 現在とは違った会社に転職したい
	5. 現在所属している会社を辞めたい
	6. 機会があれば他社へ転職したい

※ R は反転項目を表す

■ 3-2 結　果

1) 回答者の属性

研究②と同一のため記述を省略する（52頁参照）。

2) 各尺度の信頼性と基本統計量および相関係数

　各尺度の信頼性係数（α係数），基本統計量ならびに相関係数を算出した結果を表3-9に示す。キャリア・アダプタビリティについては，研究②にて記載済みのため，それ以外の尺度の結果について述べる。

　各尺度について信頼性係数（α係数）を算出したところ，職務や政治的知識（.82），会社全体の知識（.71），上司サポート（.90），先輩サポート（.93），同僚サポート（.94），職務満足度（.89），離転職意思（.93）であり，満足できる水準であった。

　各尺度について項目得点の合計を項目数で割り，尺度得点を算出した上で，平均値を算出した。役割の学習は，職務や政治的知識が3.22，会社全体の知識が3.23であり，ほぼ同水準であった。人間関係による支援は，上司サポートの2.97が最も高く，先輩サポートが2.93，同僚サポートが2.76であった。組織への適応については，職務満足度が2.96で，離転職意思が2.91であった。

3) 共分散構造分析結果

　尺度間相関の結果を踏まえ，図3-2に示した分析モデルをもとに共分散構造分析を行った。分析の結果を図3-3に示す。

　適合度指標はGFI =.932，AGFI =.878，RMSEA =.068であり，おおむね満足できる水準であると考えられる。なお，X^2値は146.321（p =.000）で有意であった。

　次に，このモデルのパスダイアグラムに基づいて仮説の検証を行った。

　仮説1「キャリア成熟度は職務満足度に対して正の影響を与え，離転職意思に対しても正の影響を与える」については，「キャリア不透明性」から「職務満足度」へ有意な負のパス（β =-.09, p <.05）が確認され，「キャリア意欲」から「離転職意思」へ有意な正のパス（β =.17, p <.01）が確認された。職務満足度および離転職意思に対して，キャリア成熟度がポジティブな影響を与えることが確認されたため，仮説1は支持された。

　仮説2「役割の学習は，キャリア・アダプタビリティのプロセス的要因に正の影響を与える」については，「職務や政治的知識」から「職務遂行への自信」へ有意な正のパス（β =.39, p <.01）が，「会社全体の知識」から「新たな自己への気づき」

62

表 3-9 各尺度の基本統計量と尺度間相関係数

		平均	標準偏差	α係数	1	2	3	4	5	6	7	8	9	10	11	12	13	14	15
学習の役割	1. 職務や政治的知識	3.22	.65	.82	—	.47**	.45**	.25**	.34**	.48**	.39**	.54**	.43**	.49**	-.25**	.27**	.36**	.43**	-.01
	2. 会社全体の知識	3.23	.81	.71		—	.30**	.24**	.38**	.40**	.29**	.42**	.36**	.28**	-.23**	.16**	.23**	.31**	-.05
人間関係による支援	3. 上司サポート	2.97	.59	.90			—	.61**	.46**	.40**	.40**	.45**	.30**	.23**	-.08	.08	.15*	.46**	-.29**
	4. 先輩サポート	2.93	.67	.93				—	.64**	.28**	.28**	.36**	.24**	.21**	-.04	.11	.09	.36**	-.21**
	5. 同僚サポート	2.76	.76	.94					—	.39**	.22**	.37**	.33**	.22**	-.17**	.13*	.12	.30**	-.11
促進的要因	6. 周囲への働きかけ	3.06	.76	.83						—	.54**	.63**	.41**	.31**	-.25**	.26**	.25**	.45**	-.08
	7. 自発的な役割行動	3.50	.72	.81							—	.60**	.36**	.40**	-.21**	.28**	.33**	.44**	-.08
	8. 経験の活用	3.46	.69	.89								—	.65**	.32**	-.21**	.43**	.41**	.48**	.00
キャリア・アダプタビリティ	9. 新たな自己への気づき	3.14	.76	.88									—	.22**	-.23**	.45**	.41**	.28**	.15*
	10. 職務遂行への自信	3.04	.80	.85										—	-.25**	.11	.24**	.52**	-.06
キャリア成熟	11. キャリア不透明性	3.20	.70	.73											—	-.27**	-.21**	-.27**	.03
	12. キャリア意欲	3.25	.80	.76												—	.54**	.05	.26**
	13. キャリア主体性	3.51	.87	.82													—	.22**	.10
組織への適応	14. 職務満足度	2.96	1.00	.89														—	-.43**
	15. 離転職意思	2.91	1.16	.93															—

*$p<.05$ **$p<.01$ $n=258$

第3章 大卒若年就業者のキャリア発達についての研究　63

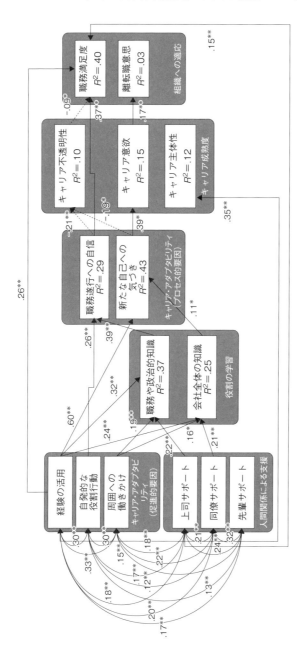

図 3-3　共分散構造分析結果

へ有意な正のパス（$\beta=.11, p<.05$）が見出されたため，仮説 2 は支持された。

仮説 3「キャリア・アダプタビリティのプロセス的要因は，キャリア成熟度へ正の影響を与える」については，「職務遂行への自信」から「キャリア不透明性」へ有意な負のパス（$\beta=-.21, p<.01$）が，「新たな自己への気づき」から「キャリア不透明性」へ有意な負のパス（$\beta=-.19, p<.01$）が，さらに「新たな自己への気づき」から「キャリア意欲」へ有意な正のパス（$\beta=.39, p<.01$）が見出され，仮説 3 は支持された。

さらに，「新たな自己への気づき」や「職務遂行への自信」と適応との関連を確認したところ，「職務遂行への自信」から「職務満足度」へ有意な正のパス（$\beta=.37, p<.01$）が確認された。

仮説 4「キャリア・アダプタビリティの促進的要因は，役割の学習へ正の影響を与える」については，「経験の活用」から「職務や政治的知識」へ有意な正のパス（$\beta=.32, p<.01$）が，「会社全体の知識」へ有意な正のパス（$\beta=.24, p<.01$）が確認された。また，「周囲への働きかけ」から「職務や政治的な知識」へ有意な正のパス（$\beta=.19, p<.01$）が，「会社全体の知識」へ有意な正のパス（$\beta=.16, p<.05$）が見出され，仮説 4 は支持された。

仮説 5「キャリア・アダプタビリティの促進的要因は，キャリア・アダプタビリティのプロセス的要因に正の影響を与える」については，「経験の活用」から「新たな自己へ気づき」へ有意な正のパス（$\beta=.60, p<.01$）が確認された。また，「自発的な役割行動」から「職務遂行への自信」へ有意な正のパス（$\beta=.26, p<.01$）が見出され，仮説 5 は支持された。

さらに，「経験の活用」から「キャリア主体性」へ有意な正のパス（$\beta=.35, p<.01$）や，「職務満足度」へも有意な正のパス（$\beta=.26, p<.01$）が確認された。

仮説 6「人間関係による支援は，役割の学習，キャリア・アダプタビリティのプロセス的要因，キャリア成熟度，職務満足度に正の影響を与え，離転職意思に負の影響を与える。」については，「上司サポート」から「職務や政治的な知識」へ有意な正のパス（$\beta=.22, p<.01$）が確認され，「同僚サポート」から「会社全体の知識」へ有意な正のパス（$\beta=.21, p<.01$）が確認された。さらに「上司サポート」から「職務満足度」へ有意な正のパス（$\beta=.15, p<.01$）が確認された。しかし，人間関係による支援から，キャリア・アダプタビリティのプロセス的要因やキャリア成熟，離転職意思への有意なパスは確認されなかったため，仮説 6 は部分的に支持された。

■ 3-3 考　察

　研究③では，若年就業者の入社後3年間におけるキャリア発達モデルを実証的に検討した。その結果，研究①において示された，組織社会化プロセスと職業的役割の探索との関連や，キャリア・アダプタビリティの影響を実証的に明らかにすることができた。

1) 若年就業者の発達課題である組織社会化と，職業的役割の探索との関係

　研究③の結果より，職務や政治的知識が職務遂行への自信の程度を高め，キャリア不透明性の程度を低めることが明らかになった。また，会社全体の知識が自己への気づきの程度を高め，キャリア不透明性の程度を低めるとともに，キャリア意欲を高めることが明らかとなった。

　職務遂行に必要な知識やスキルに支えられた自信が，自分自身の今後のキャリアを展望する上で役立つことから，一定の職務経験を通じて自信をもつことが，若年就業者の職業的役割の探索において重要であると考えられる。さらに，職務遂行への自信は，直接的に職務満足度に対して影響を与えていた。

　また，所属する会社について知ることが，自己への気づきを促し，キャリアを展望する上で役立つことも確認されたことから，組織の一員としての自己認識が今後の方向性を見出すきっかけとなる可能性が示唆された。また，自己への気づきを得ることによって，キャリア意欲が高まることも確認されたことから，会社についてよく知るようになることが，今後のキャリア形成への関心を強め，社内外のキャリアに関する情報探索を促すと考えられる。

　さらに，研究③の結果においても道谷ら（2012）と同様に，キャリア意欲が高まることによって離転職意思が高まることが確認された。研究③の結果より，キャリア意欲に対しては，新たな自己への気づきが影響を与えていることが確認された。つまり，自己への気づきを得てキャリア形成への意欲が高まり，新たな可能性を模索しようとするために，離転職意思が高まったと考えられる。研究①の結果から，若年就業者の職業人としての自立度の高まりの結果として，離転職意思が高まる可能性が示されたが，その示唆を裏づける結果が得られた。

2) 若年就業者のキャリア発達を促進する要因

　役割の学習を促進する要因として，経験の活用の影響が確認された。研究③では，経験の活用は学習を促進するだけでなく，職業的な役割の探索にも影響を与え

ており，キャリア発達プロセス全体を通じて重要な要因であると考えられる。また，経験の活用は，新たな自己への気づきや職務満足度に対して直接影響を与えていた。これは，たとえ少ない経験であったとしても，自身の経験を振り返ったり，また他者の経験を活用したりすることによって，今の仕事を自分の今後につなげていこうとする態度が，自分自身や担当職務をポジティブに認識することにつながるものと考えられる。高橋・楡木（2008）は，女子大学生を対象として，キャリア発達に対する成長体験の語りの影響を検討した結果，さまざまな経験を自己の成長と結びつけて語ることが，職業探索や将来展望を促進させることを明らかにしている。研究3では，語りではなく，本人の日常的な態度を測定しているが，経験を活用し意味づけることの影響を検討している点で，高橋・楡木（2008）と整合する結果となった。

また，キャリア成熟度を高める要因として，職務遂行への自信や自己への気づきに加えて，周囲への働きかけを行うことの影響が確認された。これは，自ら周囲に対してフィードバックを求めたり，ニーズを知ろうとしたりするといった，より深い働きかけが，周囲からの期待や多様な職業的役割を知ることにつながり，将来の見通しを得ることに役立っていると考えられる。社内の人間関係における関わりの深さが若年就業者の職業的役割の探索において重要であることが示唆された。

また，上司からのサポートを得ることによって，職務や政治的知識の程度が高まり，同僚からのサポートを得ることによって，会社全体の知識の程度が高まることが確認された。これらの結果から，知識の種類によって，有効なサポートが異なることが示された。これは，フェイジら（Feij et al., 1995）が示した，上司と同僚のサポートの違いと類似した結果である。フェイジら（Feij et al., 1995）によれば，上司は，職場の要求を整理，明確化し，達成上の障壁を除去する一方，同僚は，受容やインフォーマル情報を提供することがサポートとなっていた。研究3では，上司のサポートは担当職務における役割の認識に役立ち，同僚のサポートは会社の歴史や部門間の関係といった会社についての知識の習得に役立っていた。会社についての知識は，会社が伝えるフォーマルな情報だけでなく，社員間でのインフォーマルな情報交換によっても得られると考えられる。以上のことから，同僚からのサポートは，上司からは得られない，会社の実態についてのインフォーマルな情報を得るための有効な手段となっていることが示唆される。

また，会社全体の知識は，新たな自己への気づきに対しても影響を与えていた。同僚のサポートから得た会社についての知識は，自分自身が置かれた状況を客観的に捉える機会となり，自己への気づきにつながっていると考えられる。しかし，そ

の情報がインフォーマルなものであれば，偏りや不正確さを伴うこともある。組織としては，若年就業者がより正確な情報に基づいて自己を捉え直すことができるように，会社を知るためのフォーマルな機会を提供する必要があると考えられる。

3）残された課題

研究③では，若年就業者の入社後3年間におけるキャリア発達モデルを実証的に検討し，組織社会化と職業的役割の探索のプロセスと，そのプロセスを促進する要因間の関係を明らかにすることができた。

その一方で，研究③で得られた知見は，横断的な調査に基づいているため，厳密には因果関係が明らかになっているわけではない。そのため，要因間の関係性をプロセスとして捉えることには限界がある。今後，縦断的な調査により，要因間の関係性を検証していく必要がある。

■ 3-4 若年就業者支援に与える示唆

企業・大学・職業紹介機構それぞれにおける若年就業者への移行・適応支援のあり方を提示する。

第一に，企業における組織内キャリア形成支援については，組織および個人への働きかけとして以下の点への取組みが考えられる。組織が取り組むべき内容としては，会社についての情報を若年就業者が入手しやすい環境を整えることが有効であると考えられる。所属する会社について知ることが，自己への気づきを促し，キャリアを展望する上で役立つことも確認された。しかし，会社についての知識習得の程度には，同僚からのサポートや若年就業者自身の周囲への働きかけが影響していた。そのため，若年就業者が入手できる会社についての情報は，インフォーマルなものに偏る可能性がある。その点を補うために，会社からの情報提供や，より幅広い同僚との交流の機会を通じて情報を入手できる環境を整え，若年就業者自身が自らの置かれた状況を客観的に捉えることができるよう支援する必要がある。

一方，若年就業者個人に対しては，日常の職務遂行こそが自身のキャリア発達を促す機会であることを認識させるような支援が求められる。日常の業務を通じたキャリア・アダプタビリティの発揮によって，キャリア成熟度が高められると確認されたことから，例えば目標管理制度や上司との面談を自己の振り返りの機会と捉え，職務遂行を通じたキャリア形成を意識化していくことが求められる。上司とだけでなく，社内のさまざまな立場の先輩や同僚との対話や，相談室のカウンセラーなど

を利用することも，自身の経験を振り返り，多様な意味づけを行うきっかけとなるであろう。また，社内外のネットワークを広げることにより，自らの働くことに対する価値観や興味・関心の幅を広げていくこともキャリア成熟度の向上に役立っていくと考えられる。

　第二に，大学におけるキャリア形成支援としては，以下3点への取り組みが考えられる。第一の点は，インターンシップの活用である。実際に組織内で働く経験ができるインターンシップは，各職場・職務において求められる役割を学び，実際にその役割を果たすことができるかどうか，もしくはその役割に対する興味や関心の程度を直接確認できる貴重な機会である。学生生活において，擬似的に役割の学習を経験し，キャリア・アダプタビリティを発揮する機会をもつことは，キャリア成熟度を高めることに役立つと考えられる。第二の点は，大学生活における学修や課外活動への取り組みの中で，「体験して振り返る」という経験を主体的に推進することである。大学におけるキャリア形成支援は就職支援に偏りがちであるが，学生生活全体を通じたキャリア形成支援という視点をもつことによって，就職活動だけでなく，就職後にも有用な態度を培っていくことが可能であると考えられる。第三の点は，卒業生に対する支援である。自らの経験を振り返ったり，社内外のネットワークを構築したりする上で，学生時代の友人や教員の存在は，重要な資源となるはずである。大学の就職課やキャリアセンターが，卒業生と大学とをつなぐ存在となり，職業生活の立ち上がりの時期にある若年就業者を支援していくことにより，キャリア・アダプタビリティの向上を促すきっかけを提供できると考えられる。

　第三に，職業紹介機構におけるキャリア形成支援としては，以下の2点の取り組みが考えられる。第一の点は，インターシップの活用である。大学におけるキャリア形成支援と同様に，職業紹介機構においても，キャリア・アダプタビリティを向上させるための取り組みとしてインターンシップを展開することが有効であろう。第二の点は，就業者向けのキャリア形成支援である。現在の職業紹介機構においては，求職者への職業紹介や就職のためのスキル・ノウハウの提供が中心的なサービスとして行われている。しかし，若年就業者の雇用問題に対応するには，就職前だけでなく，就職後の支援も行い，職業的役割の探索の途中にある若年就業者を支援する必要がある。企業規模によって偏りがちなキャリア形成支援に取り組むことによって，職業紹介機構が雇用に関する社会的インフラとしての機能を高めていくことができると考えられる。

4 キャリア発達と組織社会化を支援するための組織におけるカウンセリング

　本章で紹介したキャリア発達と組織社会化との関連性を明らかにすることを試みた三つの実証研究を通じて，新たな役割を学習するというプロセスと，それらを個人の生き方，働き方と結びつけていくことによって，入社初期のキャリアを方向づけていくことができる可能性が確認された。特に重要なことは，そうした新たな役割を学び，自ら意味づけていくことを促進する他者の存在である。職場の状況や仕事について詳しい他者，同じような経験をした身近な他者などが適応を促進する上で重要な存在であることが示された。そして，身近な他者の力を借りながら，仕事を通じて得た経験を，個としてのキャリア発達に結びつけるように意味を与えていくことが，次の発達課題のレディネスとして機能する可能性が示された。

　その一方で，身近に役割の学習やその解釈を促す他者の存在が見出せないとき，若年就業者の適応に困難が生じる可能性が考えられる。こうした場合には，組織内での適応を支援するための仕組みとして組織内カウンセリングの果たす役割はきわめて大きいと考える。組織特有の社会化のプロセスを理解した支援者が，個のキャリア発達の視点をもちながらカウンセリングを担当することによって，適応を現実的に支援することができるだろう。

　ここまで若年就業者を中心にその適応に影響を与える要因を検討してきたが，明らかになった要因や関係性は，変化への適応に直面する多くの従業員にも適用できると考えられる。つまり，組織への適応と個人としてのキャリア発達との関連づけを通じて，生涯にわたる発達を遂げるというサイクルは，年代を問わず生じる可能性があるのではないだろうか。そのことを図3-4に示す。

　次章以降では，環境変化への適応の頻度が高まっている現代社会で働く人々を支援するための組織内カウンセリングのあり方について検討する。

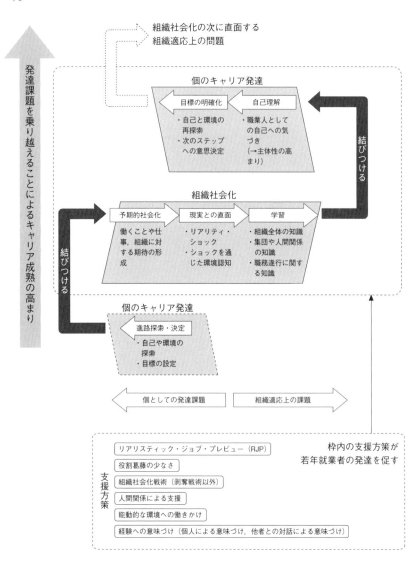

図3-4　変化への適応のための課題と有効な支援策（筆者作成）

第4章
キャリア発達と組織社会化を支援する
組織内カウンセリング

> 第4章では,個人のキャリア発達と組織社会化を支援するための一方策としての組織内カウンセリングに注目する。カウンセリングを導入することによって,組織にどのような効果をもたらすのか,そして,組織という場でカウンセリングを効果的に活用するためには,解決すべきどのような実践上の課題があるのかを検討する。

1 オーガニゼーショナル・カウンセリングの必要性

　組織内カウンセリングを支える理論的な基盤として,カウンセリング心理学の下位専門分野として示された「オーガニゼーショナル・カウンセリング心理学（Organizational Counseling Psychology）」が参考になると考えられる。オーガニゼーショナル・カウンセリング心理学は相互作用主義アプローチ（interactionism）をカウンセリング心理学に応用したものであり,個人と環境の相互作用に焦点をあてた専門領域であるとされる（Gerstein & Shullman, 1992）。
　また,渡辺ら（2005）は,組織における人の支援を効果的に機能させていくために,さまざまな専門性や機能,役割をもった人々との連携が欠かせないとして,オーガニゼーショナル・カウンセリングの視点に立った活動が重要であることを示している。オーガニゼーショナル・カウンセリングとは「「組織内に生きる個人」と「個人の生きる環境としての組織」との相互依存関係に焦点をあて,個人と組織の双方の活性化をめざしたカウンセリング」と定義される（渡辺他, 2005）。
　このように個人と組織の両者を対象とするということは,個人を対象にしたカ

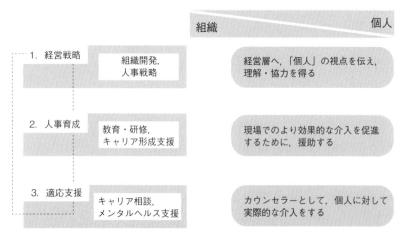

図 4-1　オーガニゼーショナル・カウンセリングの統合モデル（出典：渡辺他, 2005：82）

ウンセリングに留まらず，組織内の関係部門と連携し，現場を巻き込んだ取り組みであり，従来の相談室に閉ざされたカウンセリングとは大きくそのあり方が異なる。渡辺ら（2005）は，企業内のオーガニゼーショナル・カウンセリング統合モデルを図 4-1 のように示している。

しかし，これらの理念を実践していく上では，組織内で行われるカウンセリングに関する効果や課題を認識しておく必要がある。そこで，次節では組織内カウンセリングの意義や効果，現状の課題について確認する。

2　組織におけるカウンセリングの特徴や効果および課題

2-1　組織におけるカウンセリングの特徴

組織内カウンセリングはその言葉どおり，組織の内部において行われるカウンセリングである。したがって，本節ではまずカウンセリング心理学の特徴や定義を確認しておきたい。

ゲルソーら（Gelso et al., 2014）によれば，カウンセリング心理学の基本的な特徴は，改善（remedial role），予防（preventive role），教育・発達（educative-developmental role）という三つの役割を担うことにある。そして，その中核的な価値観として，以下の五つが示されている。

> ①個人の強みと個人が最適に機能することに重点を置くこと
> ②生涯発達と職業における成長に特に重点を置き，全体としての人間に焦点をあてること
> ③環境的文脈と文化の重要性に意識を向け続けた上で，権利の擁護や社会正義を約束すること
> ④短期的で教育的，予防的なカウンセリング介入に集中すること
> ⑤科学者–実践者モデルを誠実に実践すること

なかでも，第一の点は，他領域との違いを示す特に重要な点であることが指摘されている。

また，レオンとリーチ（Leong & Leach, 2008）によれば，カウンセリング心理学者の特徴として次の四つが挙げられている。

> ⓐ重度の精神病理学とは対照的に，一般的に，適応に困難を抱えていたり，中程度の心理的な問題に介入し，
> ⓑ短期的な介入に重点を置き，
> ⓒ典型的には，入院サービスとは対照的に，外来患者へサービスを提供し，そして
> ⓓ個人に対するキャリアカウンセリングや教育的介入を提供する点で，応用心理学者の中でもユニークな存在である。

反対に臨床心理学者は，精神病理に関する訓練に力点を置き，心理検査を含む幅広い評価ツールを含める傾向が強いという。しかし，カウンセリング心理学者と臨床心理学者はともに，個人，家族，グループカウンセリングや心理療法を提供する場合に，同じ理論，モデル，アプローチを使用することがあるので，重複する部分が多いことも同時に指摘されている。

以上を踏まえて，本書におけるカウンセリングは，ゲルソーら（Gelso et al., 2014）の示すカウンセリング心理学の特徴の一つである「短期的で教育的，予防的なカウンセリング介入」に従うものとする。組織においては，原則として就業可能な従業員を対象としてカウンセリングが行われ，長期にわたる介入が必要な場合は，外部機関へ紹介されるためである。具体的な介入には，個人の職業生活における発達や意思決定を支援するキャリアカウンセリングやストレスケア，危機的状況における

表4-1 組織内カウンセリングにおける面談のタイプ （出典：Nelson-Jones, 1993）

タイプ	例
発達的（Developmental）	キャリアカウンセリング
問題焦点（Problem-focused）	死別やストレスなど
調停（Meditation）	機会均等，ハラスメント
意思決定（Dicision making）	退職や早期のリタイア
危機介入（Crisis intervention）	武装強盗被害，虐待，トラウマ
支持的（Supportive）	前進に向けて能力を発揮する

表4-2 カウンセリングの目的，相談内容および関係者 （出典：渡辺他, 2013）

	福利厚生	安全衛生	キャリア開発・人材開発
カウンセリングの目的	従業員のプライベートも含むさまざまなライフイベントへの支援	メンタルヘルス不調の予防や不調者への対応	仕事へのモチベーションや能力の向上
相談内容	育児・介護・結婚・離婚・金銭にまつわる相談	ストレスマネジメントのセルフケアやラインケアにまつわる相談	キャリアプランの設計や能力開発方法，異動についての相談
関係者	社内の規定にくわしいスタッフや弁護士等との連携	産業医や健康管理スタッフとの連携	人材育成スタッフや人事管理スタッフとの連携

介入，ハラスメントへの初期対応等が含まれる（表4-1）。日本においては，表4-2に示すように人事部門のどこに位置づけられるかによって対応する相談内容は異なるだろう。

　また，キャロル（Carroll, 1997）は職場カウンセリング（workplace counselling）の特徴を「雇用主によって支払われる，支援を必要とする従業員に対するカウンセリングの提供」と示しており，この点が医療機関などのプライベートな場でのカウンセリングと組織内カウンセリングを区別する重要な点であると考えられる。そこで本書では，組織内カウンセリングを組織で働く人を対象としたカウンセリングであり，かつ事業主がその費用を負担しているものと定義する。

■ 2-2 組織内カウンセリングの導入効果

　職場におけるカウンセリングの効果についてメタ分析を行ったマクロード（McLeod, 2010）によれば，カウンセリングの提供が不安や抑うつなどの症状を緩和することが示され，また職務へのコミットメントや職務満足などの職務行動に弱

いながらも影響を与えていた。特定の組織における介入効果の研究の例をあげると，米国国防総省では EAP を利用した職員 100 人に対して，インテーク（最初の来談面接）時とカウンセリング終了時にセルフアセスメントが実施された（Clavelle et al., 2012；Dickerson et al., 2012）。短期間のカウンセリングは職員の仕事における適応を改善する効果があったが，問題が仕事に関係していない場合（例えば家庭内の問題）であっても同様の傾向がみられた。

国内の文献では，小杉（1998）が職場での一斉ストレス調査から職場不適応者を抽出し，系統的なコーピング操作法によるカウンセリングを通じて，就業態度や業務遂行手段の改善を試みたところ，抑うつ尺度得点や職場ストレッサー得点を有意に減少させた。また，西尾・森田（2003）は新人医薬情報担当者（MR）の早期離職防止に向けた取組事例を報告し，入社半年で不安の得点が高まる傾向がみられたが，キャリアカウンセリングを受けた者については，顕著な不安の上昇はみられなかったとしている。グループへの介入としては，中村（2013）が新人看護師を対象として 5 月および 9 月にグループカウンセリングを実施したところ，気分・感情の状態が健全であるものが増加したという。

以上のことから，職場においてカウンセリングを提供することが不安や抑うつの症状を緩和し，また仕事上の適応にも一定のプラスの影響を与えていることが確認された。しかし，同時にその導入・運営にあたっては困難が多い。次項では，職場におけるカウンセリング特有の課題として指摘されている内容を検討する。

2-3　組織内カウンセリングの実践上の課題
1）組織内カウンセリング実践上の困難

組織内のカウンセリングがうまく機能しない原因に，組織という文脈の軽視もしくは不整合があることが多くの研究者や実践家によって指摘されている。

キャロル（Carroll, 1997）は，組織におけるカウンセリングの実践は数多くあるが，それらの関心はもっぱら個人への焦点に留まっており，カウンセリング活動の組織的な次元は大きく無視されていると指摘している。日本でも小西・松本（2008）がメンタルヘルス対策を個人に焦点化し，「病気の覚知力を高める」方向にばかり向けてしまうと，より多くの病人が見つけ出されて精神科受診者数は増加すると指摘し，より本質的な問題である組織内のフォーマルコミュニケーション不全を改善するために，現場のマネジャーをサポートする重要性を述べている。その具体的な方策として 2000 年頃から日本においても EAP（Employee Assistance Program：従

業員支援プログラム）が注目されるようになった。EAP の特徴として大竹（2009）はカウンセリングのみのメンタルヘルス施策に比べ、EAP は個人を取り巻く環境を総合的に支援するという特徴をもつため、複雑な事情を抱える従業員などにも広く対応できるという。しかし、EAP ではサイコセラピストと違い、対象とするクライエントは一人とは限らず、問題をもった社員、その上司、その人事担当者、治療をしている外部の医師、家族、EAP コストを負担している会社の経営陣などである（市川, 2002）ため、複雑な利害調整能力が求められる。丸山・長見（2006）によれば、EAP は精神医学や心理学の産業分野への単なる応用以上の専門性を必要とするため、専門職の継続教育や EAP を視野に入れた専門職の養成が重要となる。日本のサービスは、米国やスウェーデンと比較すると、医療・心理の臨床サービスの提供に重点が置かれ、予防的措置や早期対応のサービスが明確でない点が指摘されており（前田, 2003）、組織を視野に入れたサービスの充実が求められている。

　それでは、組織を視野に入れるとは、具体的にどのようなことを指すのであろうか。文献研究を行い組織内でのカウンセリング実践を検討した結果、取り組むべき課題は以下の3点にあることが見出された。

---

①クライエントが訴える事柄の背景にある組織やキャリアの問題や状況への配慮
②組織内カウンセリングに含まれる多様な役割への理解
③組織におけるカウンセリングの位置づけを踏まえたシステムの設計

以下では文献研究の結果に基づいてそれぞれの課題を示す。

2）組織内カウンセリングを機能させるための課題

（1）クライエントが訴える事柄の背景にある組織やキャリアの問題や状況への配慮

　山本（2001）では、うつ状態からの職場復帰を社内のカウンセリングセンターが支援した事例を報告している。事例中のクライエントは、いわゆる「会社人間」で、会社のために仕事をするという価値観から自分の人生を生きるという選択をして職場復帰を無事に果たしたが、そのプロセスにおいて、カウンセラーは職場でのクライエントの仕事ぶりや組織における位置づけ（昇進スピードなど）に注目しながら支援を行っていた。また、現場の支店長とカウンセリングセンター、産業医との連携がスムーズに行われたことが示されていた。

宮城（2007）では，休業・職場復帰支援の事例を取り上げ，当事者が抱いている不安の大部分は，今後のキャリア形成に対する不安が多いことから，メンタルヘルス支援とキャリア支援を効果的に統合する必要性を指摘している。そして，休職・復職する本人への深い理解とともに，事業所内の休職，復職にあたってのルールや手順への理解，さらに復職する本人をめぐる関係部署，主治医，産業医，産業保健スタッフ，上司，家族などの関係者との協働・連携が必要であり，面談以外に果たすべき役割の重要性について示している。面談以外の役割という点では，廣川（2008）も人事教育部門と連携し，個別の相談事例で懸念されたテーマ（パワーハラスメントとメンタルヘルスの関連）を踏まえた職場でのコミュニケーション研修を上級幹部へ実施することを提案していた。

ダフィとスペリー（Duffy & Sperry, 2007）は，職場でのモラルハラスメントが個人および家族の健康に与える影響について検討し，教育機関で働く教職員を対象とした2事例を紹介している。職場におけるいじめ被害への対応においては，組織的ダイナミクスが働いているため，クライエントの症状や機能を対象とした従来のカウンセリング介入だけでは十分ではないことを指摘している。問題の解決のためには組織レベルでの変容が必要であり，短期的には，組織の倫理規範の見直しと改訂などが，長期的には，暴力や嫌がらせを支持する文化や管理スタイルから，それらのない文化や管理スタイルへの変化が必要であるという。そのため，まずカウンセラーは組織のアセスメントとその結果に基づく介入計画を立案することから始めることが重要であると述べている。

さらに組織におけるカウンセリングは，メンタルヘルス対策だけでなく組織の変革にも有用であるという指摘もある。ヒル（Hill, 2000）は，職場における個人の変化と，組織の変化や開発との関係を示している。具体的には，自主的に来談した三つの事例において，それぞれのクライエントはストレスの原因を個人的な問題に帰属させていたが，カウンセリングを通じて自らの経験を振り返り，その背景には多様な組織的要因が影響していることが自覚され，組織に対して受け身でなく，自ら働きかける行動をとれるように変化したという。また，背景にあった組織文化の問題にマネジメント層が取り組み始めるという変化につながった事例も紹介されている。これらの事例から，組織のカウンセリングが組織学習や変革にとって有用であることが示されている。

以上のことから，組織におけるカウンセリングでは，クライエントが抱える問題を所属する組織や本人のキャリアとの関連で理解する必要があるといえるだろう。

さらに，カウンセリングの目的を達成するために，面談以外の役割，例えば見出された問題のなかで組織状況に起因するものがあれば，関係部門に対する提案を行うといった役割を果たすことの必要性が示された。

(2) 組織内カウンセリングに含まれる多様な活動への理解

前述のような組織問題を認識できたとしても，それに取り組むかどうかは，組織内カウンセリングという活動をどのように認識するかによって異なる可能性がある。組織におけるカウンセリングは，その担い手の活動の多様性という点で他領域以上の困難があることが指摘されている。例えば，組織内のカウンセラーが他の領域と異なる点として，多面的かつ潜在的な役割と責任があるとし，治療的な一対一のカウンセリングだけでなく，ストレス要因や人事管理システムへのコンサルテーション，関係者へのカウンセリングスキルトレーニングも含まれており，さらには自分がなした仕事に関する詳細な説明責任を負うための「その他の仕事 (other duties)」を含むという (Schwenk, 2006, 表 4-3)。

表 4-3 職場のカウンセラーの役割の例 （出典：Schwenk, 2006）

●レポート作成と記録保持（サービス統計を含む）	●委員会や組織横断的な代表としての業務
●ケース会議の実施と発表	●方針の策定
●ストレスチェックの実施とレポートの作成	●サービスの維持，マーケティングやプロモーション
●ストレスマネジメント研修	●以下のような問題のマネジメント研修：常習的欠勤，スタッフの評価，アサーティブネス，人間関係，コミュニケーションスキル，メンタルヘルスに対する気づき，オーダーメイドのプロジェクト，トラウマの管理
●トラウマデブリーフィングの実施とレポート作成および管理	●資金調達や新たな仕事のための努力
●クライエントおよび他の利害関係者への情報提供とガイダンス	●予算の維持
●評価とリスク管理	●オフィス管理
●懲戒や能力関連，いじめ，性的，または他の形態の嫌がらせに関する法的資料作成やコンサルテーション	●年次報告書
●調停	●エビデンスに基づく監査と評価
●コーチング	●臨床実践に関わる管理
●他の専門家を含むチームでの対話や活動	●新しい事業の開発と契約

このように，個人と環境の両者をクライエントとして仕事をするということは，組織内カウンセリングを担当する者の役割の多様性を高めることになる。面談室の中だけで自らの仕事が完結するわけではないことを強く認識する必要性がある。一方，この多様性ゆえに職務上の葛藤も高まるため，組織におけるカウンセリングを担当するカウンセラー自身のメンタルヘルスへの影響が指摘されている（Kirk-Brown & Wallace, 2004）。組織内でカウンセリングを孤立して担当することがないよう，関係者同士の連携が強く求められる。

また，内部・外部の専門家だけでなく，組織内の人的資源を活用することに関わる報告も確認された。例えば島・佐藤（2003）は，事業場外資源を適切・有効に利用するためには，事業内資源と事業場外資源をコーディネートする人材の必要性を提言している。その人材はメンタルヘルスの専門家である必要はないものの，メンタルヘルスに関する一定の知識と経験を有し，従業員のメンタルヘルス上の問題に対して基本的な対応のできる人が望ましいとしている。このような人材に該当すると考えられるものとして，宮城（2003）によれば，ファイザー製薬では，部門，支店に一人ずつ「人事キーマン」を配置し，社員が抱える悩みや提案の受付，また社員の育成や支援の役割を担っているという。また，緒方（2008）は，人事に所属し，環境調整も含めて担当組織内のメンタル不調者に専門的に関わる社内ピアサポータの活動が職場復帰を成功に導いた事例を紹介している。ピアサポータはカウンセリングと復帰先の職場選び，職場復帰に際しての新しい職場の上司，人事担当者，産業医との協力体制づくりまで行っており，そのような活動において，社内の仕事や組織を理解し，ネットワークをもっていることが有効に働いているという。

このように，カウンセラーには，職場内に存在する多様な人々と連携しながら仕事をする姿勢が強く求められるだろう。

(3) 組織におけるカウンセリングの位置づけを踏まえたシステムの設計

新田（1999）では，カウンセリングを精神障害者の治療をするという修理モデル（筆者注：治療モデル）よりも，仕事上での危機場面や自分の発達課題に対処し乗り越えていく体験によって心理的に成長していくことを援助する成長モデルを強調し，カウンセリングや相談室のイメージを変える必要性を指摘している。具体的には，組織全体の心の健康の維持と増進を目指すためには，コミュニティ・アプローチをとる必要があるが，組織全体に関わる機会は必ずしも多くないため，教育研修を活用した取り組みを報告している。またカウンセラーは，過去に組織の論理との

葛藤に対して十分に自覚的でなかったがゆえの困難さを経験しているため，対立だけがクローズアップされてきた歴史を振り返り，葛藤を自覚し，その適合を模索しようとするなら，両者間の対話から始めなければならず，総務部スタッフとの対話が何より重要であると提言している。

また，小出（2000）は，従業員の意欲，自主性，自発性の向上を基盤に心の健康を図ろうとするメンタルヘルスシステムを導入したプロセスを報告している。これは，職務遂行能力を支え，よりよい仕事に結びつける積極的な施策であるという位置づけであるという。メンタルヘルス講演会などを全国各支店で行い，全社員への意識づけを図るとともに，人事部とは切り離してカウンセリングルームを開設し，大学研究室が運用を請け負った。さらに，全社的な精神健康調査の実施と，その結果から不調者へのカウンセリングを行うとともに，健康状態が良好な者も20%程度混入させることによって，不調者のマスキングを行った。その結果，抵抗なくカウンセリングルームを訪れる状態になったという。また，調査結果を集団で分析し，支店管理職会議でフィードバックし，組織設計や人員配置の改善に活用された。

組織にとっての目的を明確に示した別の事例としては，小玉（2013）が従業員満足と顧客満足度を高め，組織の生産性を向上させるものという認識のもと，メンタルヘルスケアに取り組んだ事例を報告している。人事部門が従業員との対話を増やすことによって，従業員の心理的サポートだけでなく，その事例の背後にある組織の問題の発見，人事制度や組織風土の改革に取り組み，従業員が能力発揮できる職場づくりを実践している。

一方，カウンセリングが組織で働く人々からどのように受け取られるかを考慮する必要がある点を指摘した文献が確認された。ギレンセンら（Gyllensten et al., 2005）では質的研究を通じてカウンセリングという言葉が病気を連想させることから，カウンセリングよりもコーチングのほうが受け入れられやすい実態があることを指摘し，カウンセリング利用の抵抗感を低減するために，コーチングとしてストレス対処プログラムを導入するという提案がされている。

組織におけるカウンセリングやEAPの意義について検討した研究も行われている。ヴァレンタイン（Valentine, 2004）によれば，従業員のためのカウンセリングが導入されている企業で働いている人ほど，組織の倫理的価値観が高いと認識していることを示し，CSR経営の具現化として従業員向けカウンセリングの意義が注目されていると指摘している。

以上の事例から，組織におけるカウンセリングの体制を構築する上では，個人と

組織の関係を対立的に捉えるのではなく,従業員への支援が組織の目的を達成するために不可欠であるという視点をもち,総務・人事部門との連携が求められることが確認された。また,組織におけるカウンセリングの導入にあたっては,組織内に認知してもらうことが重要であると同時に,どのように認知される可能性があるかを想定した導入のあり方を検討する必要が示された。

上記の3点,すなわちクライエントを取り巻く組織や仕事の状況についての知識をもち考慮すること,多様な役割への理解,組織の目的との整合性を踏まえた体制の整備が組織内カウンセリングを機能させるための課題であり,いくつかの事例を通じて具体的なアプローチ方法が確認された。

3 オーガニゼーショナル・カウンセリングの導入モデル

これまで組織内でカウンセリングを実践するために必要な視点を各種文献より検討してきたが,すべての望ましい条件を同時に満たすことは現実的ではないだろう。そこで,組織内でカウンセリングを機能させるに至るプロセスを概念化したピッカード(Pickard, 1997)の組織におけるカウンセリングの発展段階を紹介する。ピッカードは組織におけるカウンセリングの歴史と実践例をもとに,オーガニゼーショナル・カウンセラー訓練プログラムを検討するための基礎的資料として以下の三つの段階モデルを示した(表4-4)。

第一段階は,組織内で行われるカウンセリング(Counselling in organizations)であり,カウンセリングの提供にとって最も外部化されたアプローチである。カウンセラーの目的と組織の目的の間に矛盾があることがあり,組織はクライエントと対立するものとして認識される可能性がある。

表4-4 組織におけるカウンセリングの発展段階 (出典:Pickard (1997)をもとに筆者作成)

視 点	組織内のカウンセリング	組織のためのカウンセリング	オーガニゼーショナル・カウンセリング
①相談の担い手の専門性	・組織とは独立した訓練	・組織についてのある程度の知識	・統合された訓練
②組織の戦略と相談活動との関連性	・状況対応	・組織に合わせた実際的な応用	・組織のために設計された提供
③関連する諸制度との統合度	・周縁部でのサービス(完全に外部化)	・ある程度の統合	・システム内,システム間の統合

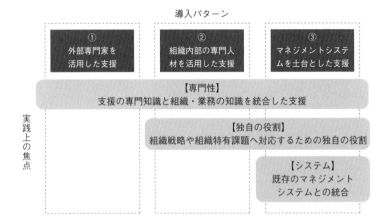

図4-2　オーガニゼーショナル・カウンセリング導入モデル

　第二段階は，組織のためのカウンセリング（Counselling for organizations）であり，組織の理念と実践にカウンセリングを統合しようと努力するEAPなどのサービスシステムを含む。カウンセリングの理論と実践は，実際的な方法で統合されているが，組織とは独立した実践家のモデルを背景にもつ場合は，組織の文化とカウンセリングの文化の間で対立する可能性がある。

　第三段階は，オーガニゼーショナル・カウンセリング（Organizational counselling）であり，理想的なタイプとされているものである。この段階では，カウンセリングの概念や実践の両面が，組織の理念や実践に統合されている。

　この発展段階モデルによるオーガニゼーショナル・カウンセリングの特徴は，組織の目的や状況に応じてカウンセリングの提供方法そのものを設計し，カウンセラーを訓練すること，そして既存のシステムとの統合度を高めることにある。このことは，決まった型を導入するのではなく，組織のニーズに合わせてカウンセリングを導入し，組織の変化に応じてカウンセリングも変化していく必要性を示している。

　しかし，この発展段階モデルは，組織内でのカウンセリング実践が増加し始めた20年ほど前につくられたものである。そのため，その後の実践例をもとに検証されていないこと，またどこからがオーガニゼーショナル・カウンセリングといえるのかを厳密に定義することが困難であることから，現在のカウンセリング実践にそのままあてはめるには限界がある。そこで，本書においては，オーガニゼーショナル・カウンセリングを指向して取り組まれているカウンセリング実践，つまり個人

の支援だけでなく組織の活性化も目指して行われているカウンセリング実践は，すべてオーガニゼーショナル・カウンセリングであると捉え，その実践度によっていくつかのパターンがあると考える．実践度を捉える視点は，発展段階モデルの三つの視点をもとに，前述の文献研究を踏まえて設定した．すなわち，相談の担い手の専門性，組織の戦略との関連性をもった役割，既存のマネジメントシステムとの統合である．具体的には，図4-2に示す枠組みでオーガニゼーショナル・カウンセリングの導入パターンを提示する．

　第一のパターンは，外部専門家を活用した組織におけるカウンセリング提供である．外部専門家を定期的に招いたり，外部機関と契約したりするだけのカウンセリングの提供ではなく，支援の専門知識と組織・業務の独自な知識とを統合した支援のあり方を工夫しているパターンである．第二のパターンは，組織内部の人材や既存組織を活用したカウンセリングの提供である．この場合は，専門的な支援の知識を前提として，組織戦略や目標と関連づけられた独自の役割を定義し，組織や業務の知識をもった人材を活用しているパターンである．第三のパターンは，マネジメントシステムを土台とした支援である．第一，第二の実践で考慮に入れた視点をもちながら，さらにカウンセリングの提供を日常のマネジメントと連携させるものである．

　次章ではオーガニゼーショナル・カウンセリングを実践的に検討する一助とするため，上記のモデルに従って八つの組織・団体における取り組み事例を紹介する．

◆コラム：英国におけるオーガニゼーショナル・カウンセリングの実践例：Post Office（現 Royal Mail Group）

　Post Office は，第二次世界大戦後，当時最も進んだ従業員福祉施策を展開していた企業をベンチマークし，1945 年に従業員支援サービスとして Welfare Service を導入した（Tehrani, 1997, 1998）。Post Office の Welfare Adviser だったマーティンは 1967 年の文献で welfare officer の役割を，従業員が自身の問題を解決することを助けること，個人的な問題に対する助言を行うこと，集団の福祉問題に対して組織への助言を行うこと，対人スキルを訓練するためのコースへの支援を行うこと，従業員との関係について助言することと示している（Martin, 1967）。Post Office では，マーティンの考えに従って welfare officer の採用や訓練を行っていたとされる（Tehrani, 1997）。

　1994 年には Welfare Service のトップの交替に伴い，従業員支援に新たなコンセプトが導入された。組織が従業員に対する心理的かつ法的義務を果たすのを支援するには，福祉はさらに広く専門的に保証されたサービスであるべきだという考えのもと，インハウスの個人的なカウンセリングの実践というよりは，組織のさまざまなニーズに応え，組織の状況を反映したカウンセリングサービスの確立を進めたのである。そこで，ファーストラインカウンセリング（First Line Counselling）を立ち上げ，明確な目的と価値，構造を定義した。そのサービスは，従業員一人あたり 4 回のセッションに限定され，ソリューションフォーカスメソッドを用いたものであり，サービスのモデルは，測定，評価，改善されるような「製品」として提供された（Tehrani, 1997）。さらに，ビジネス環境の変化に対応し，Employee Support への名称変更，産業保健サービスとの統合，そして 2002 年には外部の専門的なヘルスケア提供企業へ外部委託するに至っている。そのサービス内容はきわめて幅広いが，以下の三つの領域に分けられている。第一に従業員支援に関するマネジメント・リファー，第二に専門特化した付加的なサービスやオーダーメイドの介入，第三に従業員やその家族に対する助言，情報提供，カウンセリング（いわゆる EAP）である（Wang et al., 2011）。

　このように，社内での従業員福祉としてスタートした組織内カウンセリングが EAP へ委託されていく過程は，日本の大企業の状況と非常に似ており，今後の従業員支援のあり方の一例として参考になるだろう。

第5章
オーガニゼーショナル・
カウンセリングの実践的検討

> 第5章では,企業や団体における組織内カウンセリングの実践例の中から,特に組織と個人の双方の活性化を目指した取り組みと判断される事例を紹介するとともに,組織的な相談の体制づくりに関わる実証研究や,公的組織における相談体制事例について述べる。

1 企業・団体におけるオーガニゼーショナル・カウンセリングの実践例

　本節で紹介する八つの組織・団体(表5-1)での事例は,いずれも「設置の背景と組織的な位置づけ」「活動内容」「取組の利点と課題」についてまとめられたものである。「設置の背景と組織的な位置づけ」「活動内容」は著者が各組織の制度責任者へ実施したインタビューに基づいてまとめ,「取り組みの利点と課題」については,インタビュー結果から著者が記述した[1]。

■ 1-1　導入パターン①:外部専門家を活用した組織におけるカウンセリング

> 【a社(独立行政法人)】
> 人事部門内に外部からメンタルヘルス担当者を配置,専門性を確保

1) 設置の背景と組織的な位置づけ
　a社は独立行政法人であり,正職員は約800名,非常勤職員や派遣労働者,外部

表 5-1 調査対象企業と主な取り組み

導入パターン		業　種 (従業員数：約)	主な取り組み (組織的な相談活動を中心に記載)
①	a	独立行政法人 (800名)	人事部門内に外部から専門資格をもつメンタルヘルス担当者を採用，専門性を確保
②	b	ソフトバンク株式会社 (17,000名)	同僚によるボランティアでの相談制度(メンタルヘルス・キャリアなど)を有し，グループ内EAPと連携
	c	情報システム (17,000名)	自主的に集ったコミュニティメンバーによるキャリアカウンセリング制度(キャリアコンサルタント資格保有)
	d	電機メーカー (24,000名)	社内キャリアアドバイザー(キャリアコンサルタント資格保有)によるキャリア相談
③	e	電子部品メーカー (1,000名)	現場にメンタルヘルス相談員を配置し，総務部門と連携
	f	制御・計測装置メーカー (3,000名)	健康相談員制度(現場マネージャー層から選定した相談員を職場に一人配置)を有し，社内の健康管理部門と連携
	g	公的組織 (15,000名)	人事部内の相談員と現場の相談員とが連携した相談体制を構築
	h	ヤフー株式会社 (7,000名)	人材育成を目的に上司と部下との面談を義務化(週1回30分)／上司はコーチング研修を受講

協力者を含めると 2,500 人ほどの組織である。2006 年頃からメンタルヘルスケアに取り組み始め，まず保健師を配置し，体制を充実させた。しかし，健康管理業務全般を担当する立場であったことから，日常的な相談を受け付けるまでにはいかない状況であった。そこで，2011 年から外部のカウンセラーとして臨床心理士(キャリアコンサルタント資格も保有)による相談窓口を，月 2 回各 2 時間程度開設した。

上記に加え，近年新たにメンタルヘルス専門の非常勤嘱託職員を公募で採用し，配置した。それまでメンタルヘルス不調者の休職関連対応は人事スタッフで対応していたが，人事スタッフは他業務も兼務していることから，休職期間中のフォローや予防的な対応までは手が回らないこともあった。

---

1) 本調査は，2014 年 2 月から 2015 年 6 月にかけて実施されたものである。従業員支援の現状と課題，従業員支援を行う体制，相談機能と他の人事制度などとの関係，相談体制構築のきっかけや構築の過程に焦点をあてた半構造化面接を実施するとともに，各種社内資料や公開された事例報告資料をもとに分析を行った。本書執筆に際し情報の更新を 2017 年 10 月から 12 月にかけて実施した。従業員数は 2017 年 3 月末時点のものである。

2) 活動内容

　配置されたメンタルヘルス対応職員は産業カウンセリングやメンタルヘルスケアに関する専門資格を有しており，嘱託職員で月間の勤務日数に限りはあるものの，人事スタッフの一員として，職員からの相談の窓口になり，他のスタッフと連携して問題に対応している。採用にあたり，相談だけを行う立場ではないことを強調したという。具体的には，復職時のケアや環境調整，規程づくりも担当している。これによって，現場の業務内容を理解した上での対応や組織的な対応も可能な人材を育成しようという狙いがある。組織や業務への理解は人事スタッフには及ばないが，人事スタッフは定期的なローテーションがあるため，異動によりメンタルヘルス対応に関するノウハウが蓄積されない問題点があった。専任スタッフを置くことで，ノウハウを残し，属人的にならない対応が可能となる。また，外部からの公募にした理由は，内部の人間とのネットワークがないことが，かえってよいこともあるためである。頻繁にローテーションする正規職員の場合，これまでの人間関係があるために，相談しづらいこともあるという。

　具体的な活動例として，復職するタイミングについて体調管理だけではない対応に力を入れていることがあげられる。休職を繰り返す場合，本人自身の考え方の偏りが背景にあることが多い。復職直後は周りも配慮するが，従前どおりの業務の任せ方になると，再休職となってしまうことがある。そこで，本人の行動上の問題を解決するために，復職後定期的に面談（8-10回程度）を実施し，再休職を防ぐことに努めている。

3) 取り組みの利点と課題

　この取り組みは人事による手厚いメンタルヘルスケアを実現するために，専門性をもった嘱託職員が配置された事例である。人事スタッフはローテーションがあるため，現場との人脈が構築されやすい。人脈ができていることによって，連携しやすいというメリットがある一方で，プライバシーを知られたくない職員にとっては相談のさまたげになる可能性もあったと思われる。嘱託職員の場合はそのようなローテーションがないことで，現場との間に良くも悪くも距離が保たれる。現場の管理職との連携という観点からは，意図的にネットワークづくりを行う必要があるだろう。

■ 1-2　導入パターン②：組織内部の人材や既存組織を活用したカウンセリング

【b社（ソフトバンク株式会社（通信））】
社内ピアサポーターがグループ内EAPと連携

1) 設置の背景と組織的な位置づけ

ソフトバンクは複数の通信関連企業が事業統合し，2007年に一体的な組織運営を行うために人事制度を統合した。社員のメンタルヘルスケアを担う安全衛生部門が統合されたことに伴い，グループ内の企業ですでに導入されていたピアサポーター制度を，2008年にグループ全体に拡大して導入することになった。

2) 活動内容

ピアサポーター制度とは，社員同士が助け合いながら，一人ひとりが心身ともに健康でいきいきとした職場生活を送れるようにサポートする社内ボランティア活動である。これは，産業カウンセラーやキャリアコンサルタントなどのカウンセリング関連資格，またはそれに相当する知識経験をもつ社員から選考を行い，所定の研修を受けて認定された社員が，通常業務を行うかたわら，ボランティアで仕事やワーク・ライフ・バランスなどの相談を受けるものである。2017年10月末時点で約80名が活動を行っている。

ピアサポーターは，本務をもちながら，ボランティアとして以下の三つの活動を行う。第一に，グループ内EAP機関と連携した個別相談や声かけへの対応である。第二に，ピアサポーター制度やEAP機関の利用促進のための情報発信である。第三に，ピアサポーター活動を通じて感じた問題意識をもとにした提案や研修などの提供である。これらの活動を本務に支障のない範囲で行うことが期待されている。

ピアサポーターが職場にいる部署では，上司に部下のメンタルヘルスケアの対応に関する相談が寄せられることもあり，組織の中での認知度は高まっている。また，相談活動の他に，有志で社内コミュニティをつくり，ピアサポーターが講師となって親子のためのコミュニケーション講座を12回シリーズで開催するといった分科会活動も行われている。

3) 取り組みの利点と課題

この取り組みは社員によるボランティア活動であることが，相談することへの敷

居を下げ，気軽な対話につながっていると思われる。その一方で，本務をもつ社員の自発性に活動内容や頻度が左右される点は否めない。ピアサポーターたちの活動への意欲を継続させられるかどうかが課題であると考えられる。

【c社（情報システム）】
自主的に集ったコミュニティメンバーによるキャリアカウンセリング活動

1）設置の背景と組織的な位置づけ

　c社におけるキャリアカウンセリングは，ある部門より「人事制度が変更されて困っている社員がいるので，相談にのってほしい」という声が上がったことがきっかけで導入が検討された。米国に本社をもつc社では，「キャリアは自分で考えるもの」という方針があるため，キャリア支援のために会社の予算を獲得するのが困難である。そのため，全社的な取り組みとしてではなく，声の上がった部門内で予算を確保し，キャリアコンサルタントの資格を取得してもらい導入が進められることになった。資格取得者は現場の社員であり，キャリアカウンセリングは通常業務と兼務して実施するという体制で2004年にスタートした。

　会社として公式な制度ではないが，本業に支障がない範囲で運営することを前提で人事トップの承認を受けている。最初は特定の部門のみの取り組みだったが，全社横断で受け付けられる仕組みに拡大し，全社からキャリアカウンセリングを実施したい人を募り，2015年現在は約20名のコミュニティとなっている。ボランティアではあるものの，業務時間内に活動を行うことがあるため，各自で所属長の承認を得てもらうことを活動の前提としている。

　なお，c社には社内コミュニティが多く存在し，社員による自発的な活動（例えば，特定のIT技術に関する勉強会など）が活発に行われている環境であることが，このようなキャリアカウンセリングの導入に至る背景にあった。

2）活動内容

　従業員からの相談希望は本社の人事部門へ寄せられ，人事に所属しているキャリアカウンセリング事務局担当者によってキャリアカウンセラーがアサイン（指定）される。特定のカウンセラーに偏りが出ないよう，担当カウンセラーはランダムに割り振られる。キャリアカウンセラーには人事権はなく，あくまでも中立の立場で

対応している。

メンタルヘルスに関わる相談の場合は，リファー（相談内容の引継ぎを依頼すること）が基本であり，産業医，健康管理室に相談してもらっている。特定業務の専門性や育児と仕事の両立などの相談は，必要に応じてカウンセラーコミュニティのネットワーク内で紹介し合ってリファーして対応している。

カウンセリングを実施した後，その都度カウンセラーだけが閲覧できるシステム上で相談者が特定できない方法により報告が行われている。クライアントに対しては，担当したカウンセラーにはフィードバックをしない約束で，事務局からアンケートを依頼している。全体の活動状況は1年に1回定量的にまとめられ，人事トップへ報告されている。

相談担当者への支援・教育としては，キャリアコンサルタントの継続学習のための情報提供を行ったり，社内で行われる勉強会の際に継続学習の証明書の発行を事務局で行ったりしている。基本的には自発的な活動なので，特別な支援は行っていない。

3) 取り組みの利点と課題

担当するキャリアカウンセラーは社内の人材であるため，業界・社内用語が通じるというメリットがあり，ラポール（相互信頼関係）の形成のための時間は短縮される。また，同じ会社で働く仲間として，人事方針を理解しながら，個人の視点で関わることができ，組織と個人の関係の橋渡し役を担っている点も特徴である。

一方，自発的な活動であるため，キャリアカウンセラーの人員を増やすための取り組みを会社として行っているわけではないという。安定的に活動を維持していくための人材の確保が課題になると考えられる。

【d社（電機メーカー）】
社内キャリアアドバイザーによるキャリア相談

1) 設置の背景と組織的な位置づけ

2000年代初め，当時の経営トップが生涯にわたるキャリア開発の重要性を方針として打ち出し，トップダウンでキャリア相談機能が立ち上げられた。d社の人事組織はフラットであり，キャリア相談を担う特定の部署があるわけではない。キャリアアドバイザーは，部長職以上の経験があり，人材育成に関心のある者を人事部員

から指名するとともに，導入当初は全社から公募し指名した。所属は人事部である。キャリア相談を担当するキャリアアドバイザーにはキャリアコンサルタント資格を取得してもらっている。2014年時点では五人で相談業務にあたっている。

2) 活動内容

従業員個人への自律的なキャリアプラン確立のサポート，価値観・適性の客観的判断，仕事と家庭の両立など，キャリア形成に関するアドバイスが行われている。

その他特徴的な取り組みとしては，メンタルヘルスで休職した社員の再休職防止のために，残業制限が解除されるタイミングでキャリア相談を実施するシステムとなっている。相談結果を踏まえ，関係部門と連携し，復職者を受け入れる職場へのサポートも実施している。

また，組織に対する活動が人事と連携して行われている。個人向けの相談をスタートさせてから4年後に始まった取り組みで，守秘義務は守りつつ現在も各部門人事との情報交換が半年に1回行われている。キャリアアドバイザーと人事との連携の例を表5-2に示す。しかし，当初キャリアアドバイザーの中には，人事との連携について躊躇する声もあった。しかし，困っているのは社員である，という議論を重ねて意識をまとめることができたという。

3) 取り組みの利点と課題

トップダウンで始められた取り組みであり，人事との連携が十分に図られていることで，現場の声が人事施策に反映される仕組みになっている。また，メンタルヘルスケアの一環として，復職者支援の中にキャリア相談が組み込まれている点は，

表5-2 キャリアアドバイザーと人事との連携の例

●管理層向けの階層別研修でキャリア形成に関する話題提供
●異動した社員のフォロー
●社内公募に応募した社員全員への面談
●新卒2年目社員に全員面談し，やりがいやコミュニケーションの特徴をまとめてレポートし職場定着と職場マネジメント改善へつなげる
●増員した女性営業職への面談を実施したところ，ロールモデルがいないことを語る社員が多かったため，2年間他部署のメンターをつける仕組みを提案，導入
●若手社員との面談を通じてOJT期間が短いという声が多く寄せられたため，期間を延ばすことを提案，導入
など

人事との連携があってこそできる取り組みであると考えられる。

一方で，社員の目からみて人事との関係が近すぎると感じられる場合は，相談の敷居が高くなる可能性がある。組織や業務を理解しているメリットを生かしながら，個人と組織の両面を視野に入れた支援を行う立場を保ち続けることが重要であると思われる。

■ 1-3　導入パターン③：マネジメントシステムを土台とした支援

> 【e社（電子部品メーカー）】
> 現場にメンタルヘルス相談員を配置し，総務部門と連携

1）設置の背景と組織的な位置づけ

新入社員がメンタルヘルスの不調で休職に至るという事例が発生したことがきっかけで，社内でメンタルヘルスケアについて検討することになった。しかし，外部へ委託する予算はない。そこで，2008年に現場の社員によるメンタルヘルス相談員を配置することにした。

企画当初は役員からの反対や，「相談室を作って，そこに相談員を配置すればいいのでは」という声もあった。しかし，それでは「この部屋へ行ったらメンタルヘルスについての不調がある」と周囲にわかってしまい誰も使わなくなると考え，職場内相談員という仕組みを検討した。

2）活動内容

従業員100人に対して相談員一人の配置を目安とし，各工場に世代別（20, 30, 40, 50代）四人，管理部門系の事業所には二人を総務部が指名して依頼した。指名にあたっては，面倒見のよい人を人事考課や周囲の評判から選抜した。メンタルヘルス相談員には，外部の研修を1日受講してもらい社内認定した。毎月若干の手当を支給し，2年に1度は外部セミナーへ参加することで更新できる仕組みとした。

活動状況については，管理本部長宛に匿名で報告を行ってもらっている。年20件程度であり，必要があれば，総務担当が面接し，医療につなぐなどの対応をとっている。具体的には，工場の場合は食事をしているときに「ちょっといいですか」と寄ってきて，日常の雑談の延長で相談が行われているという。

導入最初は負担を感じる声もあったが，問題解決まで行う必要はなく，気楽に活

動してほしいこと，相談員としてショックなことがあれば，相談員同士は守秘義務の範囲になるので相談してOKであると伝えている。

このような取り組みの結果，いきなり診断書を提出して休職に至るというケースは減っている。産業医への相談も減っており，早い段階で不調を察知し，対応できている。

3）取り組みの利点と課題

現場の社員が相談員になることで，気軽に相談できることが，この仕組みの利点であろう。一方で，本来は上司がもつべき機能を，現場の斜めの関係で補っていると考えられ，管理職の部下育成やメンタルヘルスに向けた意識を高めていくことも，同時並行で取り組む必要があると思われる。

【f社（制御・計測装置メーカー）】
健康相談員制度を有し，社内の健康管理部門と連携

1）設置の背景と組織的な位置づけ

f社の健康相談員制度は，1980年代に合併による社員数の増加を背景に当時の保健師が提案し，導入されたものである。社員数の増加によって健康管理部門に属するスタッフだけでは，従業員のケアが十分行き届かない状況になったことがきっかけであった。学校の「保健係」のような存在として，健康相談員を配置することによって，職場の中でアンテナを高く張ってもらい，情報をいち早く入手することを狙いとして導入された。同じ職位レベルの社員では相談しづらいのではないか，という点に配慮し，マネージャー層から部署ごとに健康相談員を一名選出している。マネージャー層であることで，かえって相談しづらい面もあるかもしれないが，人事的な調整を行えるメリットが優先された。

導入時は社長も巻き込んで理解を得る働きかけが行われたという。制度として導入するには苦労があったはずだが，保健師は健康管理という目的で社内に幅広い人脈を有しているため，経営者とも心理的な距離が近く，直接話ができる機会があることが影響していたという。

2) 活動内容

　健康相談員に対する現実的な期待は，相談にのってもらうことよりも，職場の中でアンテナを張り，現場の様子に気づいてもらうことにある。その他，健康管理部門から提供されるニュースレターを職場内で発信したり，年4回，就業時間内に研修を受けてもらったりしている。特に研修を受けてもらうことが重要で，メンタルヘルスの点で職場をみる機会をつくることができており，相談員本人のセルフケアにもなっている。相談件数を報告してもらうことはしていない。

　相談員は一年ごとの更新制であるため，更新によって新たな社員が相談員を担う機会が生まれる。相談員経験者が増えることによって，メンタルヘルスに関する知識をもつ社員が増え，裾野が広がってきている。一方で，複数年にわたり役割を担っている社員もいることから，近年研修の頻度を増やし，レベルアップできる機会を提供している。

　健康管理部門としては，安全衛生委員会，ライン管理職に加えて健康相談員という直接現場に関わるルートをもっていることに意味があり，衛生管理体制の充実につながっていると考えている。

　さらに近年では，健康経営を目指して健康管理部門，人事部門，働き方改革を推進する部門，健康保険組合とのコラボレーションが進み，組織的な取り組みへと進化しているという。

3) 取り組みの利点と課題

　経営層と対話のできる保健師やスタッフの存在がこの制度を導入するきっかけとなっているが，その後の関係者の取り組みや環境の変化により，属人的な信頼関係に頼らない組織的な活動へと発展を遂げている。健康相談員制度への期待が高まるほど，相談員として果たすべき役割の明確化や能力開発の必要性が高まっていくであろう。本務をもった相談員と健康管理部門との密な連携がよりいっそう求められるようになると考えられる。

【g社（公的組織）】
人事部内の相談員と現場の相談員とが連携した相談体制を構築

1）設置の背景と組織的な位置づけ

　g社における相談の体制は，専従相談員が属する人事部厚生課相談係によるものと，職員同士の関係を基盤とした職員相談員制度からなる。ここでは，後者の職員相談員制度について紹介する。職員相談員制度の前身となる制度は1969（昭和44）年に創設された。当時の公的組織g社は，職員の約4分の1が25歳以下であり，親元を離れた地方出身者が多かった。そのため，職場だけでなく生活面も含めたよき相談相手としての相談員が，各部署において指定されたことがこの制度の始まりである。

　職員相談員は，本務をもちながら，部署内の職員からの身近な相談相手として，相談業務を遂行することが期待される。相談員は部署ごとに主任や係長クラスの階層にある者から適性のあるものを1名指定することとなっている。

2）活動内容

　職員相談員は，自分が所属する部署の職員からの相談を受ける役割であり，その役割の遂行は業務とみなされる。しかし，相談の内容は多岐にわたるため，寄せられた相談に対して，最終的な問題解決まで担うわけではない。職員相談員は，人事部厚生課相談係に所属する専従相談員と密に連携し，必要な助言をあおいだり，対応を依頼したりするといった，「つなぎ役，道案内」としての役割が期待されている。具体的には，職場内での日頃の声かけを通じて職員の様子に気を配ったり，メンタルヘルス不調のサインが表れている職員がいれば相談係へとつないだり，という活動が主である。

　本来，部下からの相談への対応は，上司である監督員の役割である。しかし，人員構成の変化により監督員の若年化が進んでいるため，監督員だけに職員のフォローを任せきりにするわけにはいかない状況もある。そこで，職員相談員による監督員への支援も期待されている。

　現在導入されている職員相談員制度は，2012（平成24）年度より改正され施行されているものである。2011（平成23）年10月から6か月にわたって新制度が試行され，相談実態に関する調査が実施された。従来制度では，職員相談員から相談係

への相談がほとんどなかったが，新制度では職員相談員から相談係への相談が増加している。一人あたりの職員相談員への相談件数も従来制度より増加しており，新制度へ改定したことにより，制度の認知度が高まっていることがうかがえる。また，本人からではなく，周囲からの相談が寄せられるケースが増加傾向にあり，深刻な事案に発展する前に，予防的な対応をとれるようになってきている。

3) 取り組みの利点と課題

今後この制度が継続的に活用され，定着するためには，職員相談員の役割に対する各部署の管理職層の理解と，相談員自身の役割に対する理解がともに重要である。制度の認知が高まるほど，相談が職員相談員に集中することにもなりかねない。相談は管理監督者の役割でもあるため，相談員だけが相談にのるものではないことも併せて周知する必要がある。また，職員相談員が負担に感じることのないバランスで活動を継続してもらうことも大切である。このような制度理解の徹底と，職員相談員を支援する体制を整えることが重要であろう。

【h社（ヤフー株式会社（インターネット））】
人材育成を目的にコーチングを導入

1) 設置の背景と組織的な位置づけ

h社では経営陣の交代によって意思決定や企画立案のスピードを劇的に速め，全社的に改革を進める中で，人事制度が大きく変更された。それと同時に，現場の力を最大限に引き出すことこそが利益を生み出すという考えのもと，部下を育成できる管理職を育てることにも力を入れた。現実的に考えれば，組織の目標だけでなく，個人の目標をもったプレイングマネジャーであれば，部下の面倒をみなくなってしまうことはさけられない。そこで，あえて「当社は人材開発会社である」という人事メッセージによって，部下の育成は管理職の業務であるという方針を強く打ち出したのである。

2) 活動内容

全管理職を対象としてコーチング研修を実施し，週に1度，30分間の面談（1on1：ワンオンワン）を義務づけた。さらに，管理職としての能力が評価される

仕組みとして，360度フィードバックを実施したり，1on1チェックを実施したりしている。これらの取り組みにより，急激な変革が行われているにもかかわらず，メンタルヘルス不調者も退職者も減少している。

3）取り組みの利点と課題

この取り組みでは，ティーチングからコーチングへとコミュニケーションの質を変えることが，自社の利益につながるという方針を徹底し，管理職層の意識・行動の変革を実現している。カウンセリングやコーチングがまずありきといったわけではなく，経営管理手法として他の仕組みとも一貫性をもたせており，その点が効果を生み出していると考えられる。

強制された1on1を通じて，上司と部下との日常のコミュニケーションにも変化が生み出されるかどうかが今後の課題であると思われる。

■ 1-4 組織・人事戦略とカウンセリングとの関連性

本節で紹介した八つの事例に共通していることは，切実な経営課題に直面して展開された改革の過程で，カウンセリングや相談の体制を導入・整備してきたということである。生産性向上や組織変革，不適応の改善といった組織や人に関わる問題の解決のためには，組織を構成する個人レベルで意識や行動，具体的にはコミュニケーションのとり方を変える必要がある。そのことに気づいた組織が，カウンセリングやコーチングを取り入れ，変化する経営環境に人材を継続的に適応させようとしている。

そして，多くの企業・団体で当該組織についての知識や経験が豊富な人材を相談に関わらせていた。身近だからこそ，今起きている変化の意味やその方向性を，適応に困難を抱えている人と共有し，共に解決策を考えることができる可能性が高い。もちろんこのことは，組織内カウンセリングはすべて組織内部の人材で対応するべきだという意味ではない。八つの事例には，外部専門機関を併用して相談体制を整えている例も含まれている。しかし，問題が発生する前の予防に力点を置くという場合には，組織内部の人的資源を有効に活用することが重要ではないだろうか。2章の組織社会化支援からの示唆でも述べたように，身近な他者からの支援が適応に大きな影響を与えているからである。

最後に，制度に関わる責任者や担当者が，カウンセリングは組織変革を促したり，補ったりする手段であるという信念をもっていることが共通していた。このことは，カウンセリングは単なるテクニックではなく，その理念が重要であるが，そのこと

がいかに忘れられやすいかを表しているように思われる。個への支援とそれによる組織への支援との関連性を常に念頭に置いていくことは，それほどたやすいことではない。組織の中で働く個人を支援するという理念を具現化した手段としての組織内カウンセリングという原点を関係者が持ち続けられるようにすることも，各制度を機能させる上で重要であろう。

2 オーガニゼーショナル・カウンセリングの実践度に関する実証的研究：研究4

2-1 問題と目的

前節では組織におけるカウンセリングを機能させるための概念的なモデルや実践事例からオーガニゼーショナル・カウンセリングについて検討を行ってきた。しかし，オーガニゼーショナル・カウンセリングを実践することが，組織におけるカウンセリングの活用を実際に促すことになるかどうかは実証されていない。また，概念的なオーガニゼーショナル・カウンセリングを実際に組織内カウンセリングの設計や運用に活かすための具体的な定義も不十分であると考えられる。

そこで，本節ではオーガニゼーショナル・カウンセリングの実践を構成する諸要素を明らかにし，相談窓口の活用との関連を検討することを目的とした実証的検討を行う。オーガニゼーショナル・カウンセリングの実践度が高いほど，当該組織の特徴にカウンセリング実践が適しているため，カウンセリングが活用されていると考えることができるだろう。

オーガニゼーショナル・カウンセリングの実践度は，第4章で紹介したピッカードのモデルにある「組織内カウンセラー（相談担当者）の専門性」「組織戦略との関連性」「組織の状況への統合度」の三つの観点より定義し，以下の仮説を検討する。

1）組織内カウンセラーの専門性

キンダー（Kinder, 2007）は組織内で働くカウンセラーや心理学者に対して，「二つの耳を開いて時間を過ごせ――一つはクライエントに，もう一つは組織に」と指摘している。つまり，目の前のクライエントの症状のみに注目するのではなく，その背景にある組織や仕事の状況にも目を向けることが強調されている。また，パルマーとギレンセン（Palmer & Gyllensten, 2009）は，ストレスマネジメントや予防プログラムの開発にあたって，コンテクストの重要性を指摘している。例えば，あ

る現場では，ストレスに関する先入観があり，従業員がストレス管理活動に参加することに抵抗する可能性がある一方で，他の現場では，ストレスについて問題を認識することができ，従業員がストレスについての詳細を学ぶことにオープンであるかもしれないからである。したがって，職場内カウンセリングを担当する者は，カウンセリングや心理学的な知識をもつだけでなく，カウンセリングが実施される組織そのものについても十分に理解する必要があり，多様な観点から豊富な知識が求められると考えられる。

> 仮説1：相談を担当する者の組織や働くことに関わる知識が豊富であるほど，活用度が高い

2) 組織戦略と相談活動との関連性

　トップダウンによる施策の展開の重要性は，産業ストレス対策全体において重視されているが，それが相談活動の実践においても貫かれていることが重要であると考えられる。道谷（2015）によれば，オーガニゼーショナル・カウンセリングが実践されている事例では，経営戦略，CSRや安全衛生活動との明確な関連を示した上で相談制度を展開していることが確認されている。また，経営層の理解や支持があることがカウンセリングの利用に影響していることが示されている（Walton, 2003）。

> 仮説2：相談窓口が組織戦略や目標と明確に関連づけられ，経営層の理解を得ているほど，活用度が高い

3) 組織の状況への統合度

　EAP会員である1,000人以上の大企業従業員を対象とした調査によると，相談活動以外に職場内での活動（研修やワークショップなど）を実施している組織の会員ほど，カウンセリングの利用率が高かった。これは，親近感やサービスの有効性への信頼が高まるためだと考えられる（Azzone et al., 2009）。また，マーフィー（Murphy, 1995）は，EAPと人事部門とのコラボレーションによって効果的なストレスマネジメントが実現できることを指摘している。もちろん原則として相談には守秘義務が伴うため，他組織との連携を公然と示すことは利用者に不安を与える可

能性が高い。しかしその一方で，守秘義務を守ろうとするあまり相談活動が孤立することが，利用を阻害する可能性もある。したがって，守秘義務を前提としながら，必要に応じて関連する他組織と連携し，相談制度の存在を周知させることや，把握された問題の解決にあたることが重要であると考えられる。

> 仮説3：相談窓口が他組織と連携し，組織の実態に合わせて運営されているほど，活用度が高い

2-2 方　法

1）配布先事業所

調査は，日本国内に事業所があり，かつ従業員数が300人以上の事業所について，外部調査会社の保有するリストより調査対象企業をランダムに抽出し実施された。回答用紙は，各事業所の人事担当責任者宛てに送付され，回収は同封された封筒への密封，郵送によって行われた。合計で1,000票を配布し，81票（回収率8.1％）の回答を得た。分析は上記のうち，メンタルヘルスケアを目的とした相談窓口を設置していると回答を得た55票を対象とした。なお，キャリアについての相談窓口を設置しているという回答が極めて少なかった（11票）ためメンタルヘルスケアのみについて分析を行った。

2）調査実施時期

2015年10月～12月に実施された。

3）質問紙の構成

（1）オーガニゼーショナル・カウンセリングの実践度

ピッカード（Pickard, 1997）および道谷（2015）に基づき，オーガニゼーショナル・カウンセリングの実践度を「専門性」「戦略性」「統合度」から把握するための質問項目を作成した。

専門性は，相談窓口の主たる担当者の保有する知識や技能を表す尺度であり，「人事労務管理に関する知識」「カウンセリングに関する知識・技能」「会社の戦略や目標に関する知識」など8項目から構成される。

戦略性は，相談窓口と組織戦略や目標との関係性の強さを表す尺度であり，「上記

相談窓口は，組織の戦略や目標を達成するために必要不可欠である」「上記相談窓口は，他の人事制度や施策と密接に関連付けられている」など4項目から構成される。
　統合度は，相談窓口と他組織との連携の強さを表す尺度要素である。「上記相談窓口は，他組織と連携しながら運営されている」「相談活動を通じて明らかとなった問題や課題の解決に向けて，組織的な取り組みが行われている」など4項目から構成される。いずれも5件法でたずねた。

(2) 相談窓口の活用状況
「上記相談窓口制度は，社内でどの程度活用されていますか」に対して3件法（「想定よりも活用されている」「想定どおりに活用されている」「想定よりも活用されていない」）によってたずねた。

(3) 相談窓口の設置形態
相談窓口の運営主体（内部従業員，外部機関，内部と外部の併用）についてたずねた。

(4) 基本属性
業種および従業員数についてたずねた。

■ 2-3　結　　果
1) 回答事業所の属性
相談窓口を設置しているとの回答を得た55事業所の内訳は以下の通りである。業種については，「医療・福祉」が29.1％，次いで「サービス業」が25.5％，「製造業」が20.0％，「卸売業，小売業」が10.9％であった。従業員数は，1,000人未満が78.2％，1,000人以上が18.2％であった。

2) 尺度の因子分析結果と信頼性
相談窓口の活用度とオーガニゼーショナル・カウンセリング（OC）実践度に関する尺度構成を検討するため，専門性8項目と，戦略性および統合度計8項目について因子分析を実施した。戦略性と統合度については，項目間の相関係数が高いことが確認されたため，尺度の独立性を確認する必要性があると判断し，併せて因子分析を実施することとした。

表5-3 専門性の因子分析結果

		パターン行列	
		I	II
3	メンタルヘルスケアに関する知識・技能	.91	-.11
1	安全衛生に関する知識	.83	.08
5	カウンセリングに関する知識・技能	.80	-.23
4	キャリア形成支援に関する知識・技能	.66	.15
2	人事労務管理に関する知識	.64	.22
8	会社の戦略や目標に関する知識	-.06	.97
7	会社の製品・サービスや事業内容に関する知識	.01	.95
6	会社の歴史やなりたちに関する知識	.03	.91
	回転後の負荷量平方和	3.24	3.06
	因子間相関行列	I	II
	I	1.00	0.28
	II		1.00

表5-4 戦略性および統合度の因子分析結果

		因子
		I
統合度4	相談活動を通じて明らかとなった問題や課題の解決に向けて，組織的な取り組みが行われている	.84
統合度2	相談窓口は，組織の実態や課題に合わせて運営方法が工夫されている	.83
統合度3	相談窓口は，従業員の声を反映して，適宜修正されている	.78
戦略性4	相談活動を通じて明らかになった問題や課題は，経営層と共有されている	.75
戦略性2	相談窓口は，他の人事制度や施策と密接に関連付けられている	.73
戦略性3	相談窓口の運営にあたり，経営層や管理職層から十分な理解・協力を得ている	.58
統合度1	相談窓口は，他組織と連携しながら運営されている	.57
戦略性1	相談窓口は，組織の戦略や目標を達成するために必要不可欠である	.45

　専門性を構成する8項目に対して，主因子解・プロマックス回転による因子分析を行った。固有値の変化（4.02, 2.29, 0.65）から2因子解を採用した（累積寄与率73.0％）。パターン行列と因子間相関を表5-3に示す。第1因子には，「メンタルヘルスケアに関する知識・技能」「安全衛生に関する知識」など5項目の負荷が高く，「人事関連知識」と命名した。第2因子には，「会社の戦略や目標に関する知識」など3項目の負荷が高く，「会社関連知識」と命名した。各因子の信頼性係数は（α係数）を算出したところ，人事関連知識（.88），会社関連知識（.96）であった。

　次に，戦略性および統合度8項目に対して，主因子解・プロマックス回転による

表 5-5　OC 実践度と活用度ならびに OC 実践度間の相関係数

(n=55)

尺度	平均	標準偏差	α係数	1	2	3	4
1　相談窓口の活用度	1.56	.60	—	—			
2　人事関連知識	3.60	.78	.88	.39**	—		
3　会社関連知識	3.04	1.03	.96	.31*	.27*	—	
4　組織統合度	2.83	.66	.87	.50**	.31*	.5**	—

※活用度は 3 点満点，OC 実践度は 5 点満点

表 5-6　相談窓口の活用度を従属変数とする重回帰分析結果

基準変数：相談窓口の活用度

説明変数	標準偏回帰係数（β）
組織統合度	0.41*
人事関連知識	0.24 †
調整済み決定係数（R^2）	0.27**

**$p>0.01$, *$p>0.05$, †$p>0.1$

因子分析を行った。固有値の変化（4.42, 0.94, 0.82）から 1 因子解を採用した（累積寄与率 55.3%）。因子負荷量を表 5-4 に示す。戦略性と統合度をまとめて，「組織統合度」と命名した。組織統合度の信頼性係数（α係数）は，.87 であった。

3）各尺度の基本統計量と相関係数

各尺度を構成する項目の一覧および基本統計量を表 5-5 に示す。また，因子分析を踏まえて構成された尺度間の相関係数も合わせて表 5-5 に示す。OC 実践度はいずれも活用度と中程度の正の相関があることが確認された。

4）活用度を従属変数とした重回帰分析

相談窓口の活用度に影響を与える要因を検討するため，活用度を従属変数とした重回帰分析を実施した。表 5-6 に示すとおり，組織統合度が活用度に対し 5%水準で有意な影響を示し，専門性（人事関連知識）から活用度への影響は有意傾向であった。

■ 2-4 考　察

1) 相談窓口の活用に影響を与える要因

研究4の調査結果より，相談窓口の活用度に対して，OC実践度のうち組織統合度が影響を与えていることが示唆された。このことから，仮説2および3が支持され，組織における位置づけが明確に示され，相談窓口によって把握された問題に対して組織的に対応することの重要性が定量的な調査においても改めて示された。

一般にメンタルヘルス対策は，メンタルヘルス不調の早期発見や予防に焦点があてられるため，経営活動とは一線を画した取り組みとして認識されがちである。そのため，厚生労働省による「労働者の心の健康の保持増進のための指針」においても，経営にとっての意義を明確にすることの重要性が示されてきた。今後，法令順守意識を背景として，事業所におけるメンタルヘルス対策はますます導入が拡大していくものと思われる。その一方で，法令順守のみを目的とした制度の導入では，導入する組織にとっての相談窓口の意義が十分に浸透しないおそれがある。研究4で行った調査の結果は，各組織にとっての戦略や目標との関連性が明確に示され，他組織との連携がとれた相談体制であるほど，活用度が高いと認識されていることを示している。つまり，個人のメンタルヘルスケアだけでなく，組織にとっても役に立つ相談窓口を設計・運用することを，相談を担当する専門家相談窓口を企画するスタッフの共通の目標に置き，経営層や管理監督者と共有していくことが重要であると考えられる。

一方で，専門性については有意傾向であった。専門性については，相談担当者が組織で働く上での一定の知識・経験を備えている必要がすでに十分に認識されている可能性が考えられる。今後より多くのデータに基づいた検討を重ね，検証を行っていく必要がある。

2) 研究4の限界と今後の課題

研究4で実施した調査は，回収率が十分でなく，かつ相談窓口が設置されているという回答数も少なかったため，研究4で得られた知見には限界がある。さらなるデータ収集によって相談窓口とOC実践度との関連を検証する必要がある。

また，活用度の評価は人事担当者によって行われており，従業員の視点が含まれていない点も研究4の限界である。今後は，利用者である従業員にとって，相談窓口を利用することを促す，もしくは阻害する要因を検討していくことも重要な課題である。

3 オーガニゼーショナル・カウンセリング導入事例：公的機関における職員相談員制度

これまで述べてきたオーガニゼーショナル・カウンセリングを実践していくためには，その体制を組織内にどのように位置づけ，相談を担う担当者をどのように育成，支援していくかが重要になるだろう。そこで，本節ではある公的組織 g 社での取り組みとそこから得られる示唆をまとめることとする。

3-1 相談体制

ここで紹介する公的組織では，相談を主な役割とする係が人事部門内に二つ存在する（図 5-1）。一つは福利厚生を主たる目的とし，職員の仕事からプライベートまで幅広く相談にのる相談係である。もう一つは，心身の健康問題に関する欠勤や休職，復職への対応を専門とする健康管理係である。そして，公的組織 g 社の特徴である職員相談員は，主として相談係の専従相談員と日々連携しながら，各職場において相談業務を担っている。

しかし，職員相談員は本務をもちながら相談に応じる立場であるため，どのように相談にのったらよいか，どのような立ち位置で他の職員に対応したらよいか，と

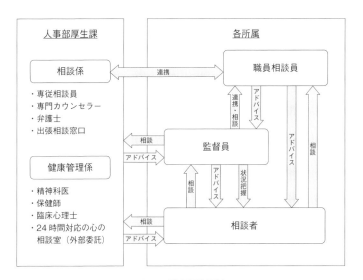

図 5-1　職員相談体制

いうことが当初はわからない。そのため，次項で示す研修がきわめて重要となる。

■ 3-2 相談に関わる担当者の役割と教育・支援方法

幅広く関係者を巻き込んだ相談体制においては，関係者の役割や必要な態度，スキルを明確にすることが求められる。そこで，職員相談員の教育と支援のあり方を紹介する。

1) 相談員養成研修

職員相談員に初めて指名された職員は，年度に1回開催される相談員養成研修への参加が義務づけられている。本研修の特徴は，公的組織 g 社のために独自に開発されたという点にある。職員に対してメンタルヘルスケアを行うためには，職務内容，勤務体系，職場環境，組織文化などを考慮に入れる必要がある。特に，今回は本務をもちながら相談にあたる相談員を対象とした研修であるため，基礎的なカウンセリングスキルの習得だけでは不十分である。むしろ，職員相談員の役割が「専門家へのつなぎ役」であることを考慮すると，カウンセリングスキルはそれほど重視されず，組織の中で本務をもちながら活動するにあたって直面しがちなジレンマへの対応や，組織として利用できる相談窓口への理解が重要となる。また，相談を特別なものと感じさせず，気軽に利用してもらうための広報活動や声かけも重要な活動となるため，その点についても理解を促す必要がある。

そこで，職員相談員として必要となる基礎的な知識や技術を習得し，資質・能力を向上させることを目的として，具体的には以下の3点に主眼を置いた研修が設

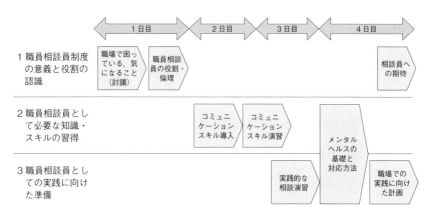

図 5-2　相談員養成研修の構成と概要

計・実施された（図5-2）。第一に，所属員からの相談に応じるためのコミュニケーションスキルの習得，第二に，所属員からの相談内容に応じて適切にリファーするための，関係先に関する知識やリファーの方法への理解，第三に職員相談員としての倫理基準の理解である。

実際に職員相談員として活動を始めると，さまざまな問題事例に直面することになる。基本的には，相談員が直接的に問題解決の対応をすることはない。厚生課相談係の専従相談員に対応方法を確認しながら活動を行っている。

2）相談員本部教養

研修は，年1回全職員相談員が一堂に会し，少人数のグループに分かれて日頃の活動状況を共有するとともに，専門家による講義を受けることで，職員相談員制度の主旨に立ち返って活動への理解と動機づけを高めることを狙いとしている（表5-7）。

テーマをみてもわかるように，メンタルヘルスや精神疾患に関わる詳しい内容やスキルトレーニングについては重視していない。相談にのること以上に，職場の状況に目を配り，声をかけるなど周囲への働きかけがより重要であるため，さまざまな視点から職場の状況を捉えられるような内容となっている。また，職員相談員としての役割について毎回再確認する内容にもなっている。

3）相談員連絡会

相談員連絡会は，年2回，人事異動後の春と秋に，地域ごとに相談員が10名前後集まり，日頃の活動状況や活動中感じた疑問点を共有し，相互にアドバイスを行う場である。職員相談員は，各部署1名で活動しているため，日常的に相談員同士で情報交換を行うことが困難である。そこで，相談員の横のつながりを強め，ノウハウの共有を行うことを目的として連絡会を開催している。相談員には守秘義務があ

表5-7　過去の本部教養テーマ例

✓ 職場相談員の役割再確認（職場の今）
✓ 職場支援の考え方〜うつ・発達障害をふまえて
✓ 効果的な職員相談制度〜問いかけのもつ力
✓ 多様な人々と共に働くために〜ダイバーシティを支えるピアサポート
✓ リーダーシップ論から学ぶ監督員としてのコミュニケーション など

るため，細部にわたる情報共有は行わないが，対応方法について専門家を交えた意見交換をすることによって，各部署での活動に役立てている。

■ 3-3　公的組織 g 社の相談体制から得られる示唆

以上で紹介した公的組織 g 社における相談体制は，現場の職員を巻き込んだ特殊なケースと思われるかもしれない。確かに，このように全社的な制度として展開するに至るには，導入のための人的，時間的コストがかかっているため，すぐに他社が真似できる仕組みではないだろう。もちろんこのような制度がどの企業にとっても有用であるということを示すために，本事例を紹介したわけではない。大切なことは，その企業・組織にとって必然性のある仕組みであれば，このような大規模な制度を構築・維持し，現場の協力を得ることも可能だということである。そして，制度の目的にそった相談員の役割，教育，支援体制が一貫して構築されていることが，理解を得る上で不可欠であると考えられる。

また，制度設置の背景でも述べたが，現在の職員相談制度は従前からあった制度を再構築することで実現された。つまり，すでに存在する組織の資源を有効に活用して構築された仕組みである。この点は他の企業にも参考になるのではないかと思われる。多くの企業では，これまでにも従業員の適応支援や人材育成のためにさまざまな取り組みが行われているはずである。新しい仕組みを導入するより，それらの既存の取り組みを見直すことで，より現在の課題にあった効果的な仕組みを構築できる可能性がある。

そして，g 社の事例を通じて示された相談係に属する専従相談員の役割が，組織内カウンセリングの要となっていることもわかるだろう。正規職員である 2 名の専従相談員は，その名称とは裏腹に業務時間のかなりの部分を管理・企画・調整業務に費やしている。面談だけが仕事ではなく，相談体制を改善・維持するために必要なさまざまな業務を担っている。また，本書でも繰り返し述べているように，組織内で起きる問題が相談室内で解決することはほとんどない。必要な情報を収集したり，社内外の関係者と連携したりする必要がある。このことは，相談者の同意を得ずに勝手な動きをするという意味ではなく，積極的に同意を取り付け，共に問題解決する姿勢をもつことであり，その結果として面談以外の業務も増えていると考えられる。そして，従業員の適応支援を促すための仕組みそのもの（今回の職員相談員制度のような）を企画・導入し，維持することも重要な役割の一つである。面談以外の仕事と一くくりにできるような内容ではなく，必要な連携先を開拓し，組織

内外から協力を取り付け，仕組みそのものを管理・運用するためになくてはならない仕事なのである。

最後に，本章で検討したオーガニゼーショナル・カウンセリングの実践度を示す質問項目や企業・団体での実践事例から，導入に際しての検討項目を整理して示す。

①適応に関わる現状の課題を明確にする。
②適応支援に関わる既存の資源を確認し，活用上の問題や障害を明らかにする。
③適応支援を行うことが，経営活動や事業運営にとってどのような意義があるかを明確にする。
④もし適応支援を行わない場合に，どのような問題やリスクが発生しうるか，また現に発生しているかを明確にする。
⑤適応支援のために必要な機能・活動を明確にする。
⑥適応支援のための機能・活動を導入・展開するにあたって考慮すべき自組織の特殊要因と対応策を明確にする。
⑦導入しようと考えている機能を展開した場合に考えられる障害，重要な利害関係者，必要なコストを明確にする。
⑧支援機能の効果をどのように把握し，その活動の振り返りをどのように行うかを明確にする。
⑨支援機能を担う人材や機関がもつべき専門性とその教育内容，教育方法を明確にする。
⑩支援機能の導入の具体的ステップを計画する。
⑪支援機能の名称や広報の方法などプロモーション方法を企画する。
⑫以上のことをどのような部署の責任のもと，どのようなメンバー，体制によって検討することが最適かを決定する。

以上を議論する過程で，自社の経営・事業運営上の課題と人や組織の問題との関連を明らかにすることができれば，組織内カウンセリングの方向性は定まるのではないだろうか。それこそが，オーガニゼーショナル・カウンセリングの実践のスタート地点であり，関係者間で常に原点として共有されるべき理念となっていくだろう。

第 6 章
今後の課題

> 第6章では，組織内カウンセリングにおける今後の課題として，従業員の援助要請に関する研究と組織内でカウンセリングを担当する者に関わる教育プログラムの必要性について述べる。

1 組織内カウンセリングの実践における今後の課題

　本書ではこれまで従業員のキャリア発達や組織社会化を支援するための組織における相談のあり方について検討を進めてきた。しかし，従業員がいつでも相談できる体制を整えたとしても，実際に利用してもらえなければ十分な効果を発揮できない。従業員の利用を促すためには，従業員の立場に立ち，相談の利用に影響を与える要因を検討することが必要である。そこで本節では，個人の援助要請に関する研究に着目し，組織内カウンセリングの利用を促進するために今後取り組むべき課題を検討する。

　援助を求める意図や態度，行動に関する研究は数多く蓄積されており，教育機関における生徒・学生を対象とした研究やメンタルヘルス専門家を利用することに関する研究などが盛んに行われている。働く人の援助要請に関するものも近年増加傾向にある。

　例えば職場におけるメンタルヘルス風土や援助要請などについて検討した前川・金井（2015）によれば，年齢層によって援助要請の程度に違いがあり，年齢が若いほど援助要請意図が低く，抵抗感が高いことを示している。

　年齢が若いほど援助要請が低くなることの理由については，橋本（2015）の知見

が参考になる。橋本（2015）は職場内の対人関係において，貢献感が低いほど援助要請が抑制されることを実証している。

さらに周囲からの評価への認知が，援助要請を抑制する可能性も指摘されている。例えば，丸山（2009）は社会的汚名への心配が強いほど，援助要請が抑制されることを示している。また宮仕（2010）も，悩みの深刻度が高いほど自己スティグマ（自己が社会的に受け入れられないとラベルづけすることによって生じる自尊心や自己価値の低下）が高くなり，専門的心理的援助要請態度が低まることを示している。

このように，職場において実務経験が乏しいため貢献できる領域が相対的に狭く，自己評価が低くなりやすい状況にある若年従業員ほど，援助要請が抑制される可能性がある。相談の事実を知られることを恐れて相談の利用が妨げられることのないよう，守秘義務が守られることや，相談利用の場所や方法への配慮がより強く求められるだろう。さらに，相談することで評価が下がるかもしれないという考え方そのものへのアプローチも必要であると考えられる。相談することは自身の成長のためであり，ポジティブな行動であることを印象づけるアプローチがその一つであろう。そして，日常的に相談することがあたりまえと考える従業員を増やすためには，個人への働きかけだけではなく，組織や集団への働きかけが不可欠である。

さらに組織内カウンセリングの今後の課題として追加するべき点は，組織外の機関との連携のあり方である。相談しやすい環境を整えても，すべてを組織内部の資源で対応できるわけではない。特に中小企業においては，自社で相談体制を構築することは困難である。今後は，内部と外部の相談機関の連携のあり方についての検討も必要であると考えられる。

2 組織を支援できる支援者の育成に向けて

職場におけるカウンセリングは，一対一の面接という行為には収まりきらない多様な活動を含むものである。実際，英国の Post Office（現 Royal Mail Group）では，カウンセリングやカウンセラーという言葉ではその活動を表現できないとして，well-being practitioner という名称で多様な専門家が活動しているという（Cartwright & Cooper, 2011）。日本においても人材不足を背景に，働きやすい職場づくりといった表現で従業員の well-being を尊重した組織へ変わっていこうとする動きが強まっている。これらの表現が意味することは，個人への直接的な支援だけでは，カウンセリングが目的としていることを真に実現するには不十分であると

いうことではないだろうか。

そこで本節では、組織内でカウンセリングの専門家として活躍するために必要とされる態度や能力について検討する。

心理学において、組織への介入に関する専門分野は、コンサルティング心理学、もしくは組織コンサルティング心理学とよばれ、2007年にアメリカ心理学会13部会によって博士課程レベルのガイドラインが示され、2017年に改定が行われている（American Psychological Association, 2007, 2017）。コンサルティング心理学とは、心理学者の特別な知識をコンサルテーションのプロセスを通じて、さまざまな分野における人間の行動に関わる問題に適用し、拡張する機能として定義されている。

このガイドラインに示されたコンピテンシーのリストは、これから組織内でカウンセリングを行う実践家にとって参考になるものと考えられるため、表6-1にその一部を紹介する。

表6-1　組織コンサルティング心理学の介入レベル別コアコンピテンシー

- ◉主に個人レベルのコアコンピテンシー
  - キャリアおよび仕事のための個別アセスメント
  - 従業員を選考するための個別アセスメント
  - 従業員の能力開発のための個別アセスメント
  - 職務や仕事の分析
  - パフォーマンスや能力開発のためのコーチング
  - キャリアカウンセリング
- ◉主にグループレベルのコアコンピテンシー
  - グループの機能、有効性、プロセスのアセスメント
  - チームの開発（チーム形成、チーム構築、チームアライメントなど）
  - 組織内のグループレベルのチーム形成と指導
    （例：部門間のプロジェクトチーム、自主的ワークグループ）
  - グループ間のアセスメントと介入（例えば、作業プロセス、情報共有、葛藤、境界）
  - アクションラーニングなどのグループレベルの訓練と開発の介入を促進
  - 多様化と社会的アイデンティティのダイナミクスを促すグループへの支援
- ◉主に組織／システムレベルのコアコンピテンシー
  - 組織理論の理解
  - 構造とプロセスに注意を払った効果的な組織の設計の促進
  - 組織のアセスメントと診断
    （例えば、パフォーマンス、文化、エンゲージメント、価値観、管理の慣行）
  - 組織の開発戦略の設計と提供
  - 組織変革業務の支援

このようなコンピテンシーを獲得し組織にも関わるということは，支援者としての役割の広がりや関わる人々の増加にもつながる。そのときに重要となる能力として，矛盾する利害関係を調整する力の必要性が指摘されている。組織的な状況に関わるカウンセラーにとってカギとなるダイナミクスは，関係組織によって彼らのサービスの対価が支払われているという事実にあるという。つまり，組織，クライエントまたはクライエントの関係者，双方のニーズのバランスを継続的に保つ必要があり，この問題を支える追加のスキルとして以下の四つの能力が示されている。第一に有意義かつ明確な方法で境界をはっきりと示す能力，第二に介入の契約に対して異なる当事者の信頼を保持するための能力，第三に「非合理的な」要求に直面したとき，自立して自己主張することができる能力，第四に組織の意思決定者との明確かつ意味のある契約を交渉する能力である（Orlans, 2003）。利害調整に関わる事柄については，支援者を養成するプログラムの中で主に職業倫理に関する問題として取り上げられることが多いと思われる。しかし，起こりうる利害対立のケースについて，働く状況までも考慮した検討がなされているとはいえない。したがって，組織と密接な関わりをもって働くカウンセラーが，より複雑な倫理的問題が発生しうることを念頭に置いて活動する必要があることを認識できるような教育プログラムの開発が求められるだろう。

あとがき

　本書では，働く人々を取り巻く環境変化とそれに伴って個別の支援を必要とする人々が増加していくことを指摘し，中でも若年就業者の学校から働く場への移行への支援を中心に論じてきた。そして若年就業者を就職した組織において支援するという立場から，働き始めの時期に直面するさまざまな課題と，組織内でのカウンセリングとを関連づけながら論じてきた。

　本書の締めくくりとして，私が働き始めの若年就業者を研究対象とした二つの理由について述べておきたい。一つ目の理由は，働き始めの時期の経験がその後のキャリアに大きく影響を与えることを，多くの新人や若手社員を通じて目の当たりにしてきたからである。民間企業での営業や人事，カウンセラーの職務経験を通じて，経験や人脈の乏しい若年就業者にとって，出会う先輩社会人たちの影響はきわめて大きいことを実感していた。その一方で，私たちは自らも先輩社会人たちからの影響を大きく受けてきたにもかかわらず，職務経験を重ねるほど，その影響の大きさを忘れてしまう。幸い私の場合は，仕事の中で若年就業者の悩みを聞くことが多かったため，そのことを忘れずにいることができた。平たい言葉でいえば，相談できるよき先輩・上司がいるかどうかが職場の定着に影響するように思えた。そのため若年就業者の困難を，「ミスマッチ」「不適応」という言葉で片づけてはいけない，という思いがこの研究テーマを選んだ一つ目の理由である。

　二つ目の理由は，個人的な経験ではあるが，私自身の初期キャリアの困難である。働くということを「経済的に自立する」という側面からしか捉えておらず，就職後に周囲の人々に多くの迷惑をかけたという苦い経験である。私は就職氷河期という言葉が生まれた年に就職活動を行った世代である。そのため，被害者意識――なぜ先輩は楽に就職ができているのに，私たちだけがこんなにたいへんな思いをしているのか――が根深いまま就職した。今になって思えば，私の就職活動や初期キャリアの苦労は，氷河期だけが理由ではない。きびしい時代だからと内定をとることをゴールにしたのは自分自身である。しかし，当時の自分はそのようなことは考えられず，営業職として入社してすぐに「こんなはずではなかった」と周囲に泣きごとを言うばかりであった。「仕事とは何か」「働くとは何か」というようなことを日記に綴り，上司との面談のたびに泣いていた。そのような日々が少しずつ変化していったの

は，「あなたはどう思うのか，どうしたいのか，どんな仕事だったら意味を感じるのか」と問いかけ続けてくれる上司や先輩の存在だった。こうした問いかけが，私のキャリア主体性を育み，顧客と自分がともに納得できる仕事をしたいと考えるようになるきっかけを与えてくれた。しかし，このような上司や先輩が常に身近に存在するとは限らないことも徐々にわかってきた。出会いが人を育てるということはたやすいが，上司や先輩を選ぶことは難しい。

そこで，人間関係を通じた支援の仕組みであるカウンセリングをよりよく組織内で機能させるためにはどうすればよいか，ということを次の研究テーマとして取り上げることにした。戦後間もない時期に日本の組織へ導入されたカウンセリングは，各組織のニーズに合わせてさまざまに活用されて今日に至る。最初は「よろず人事相談」だったものが，個人が抱える問題の種類に応じて，分化してきた歴史にそれが表れている。しかし，導入当初に意図されていた機能を組織内カウンセリングは十分に果たしているか，研究を進めるほどに疑問が大きくなっていった。なぜならば，序章に示したように組織の状況把握という当初意図されていた視点が抜け落ち，組織内カウンセリングの活動がブラックボックス化されているように思われたからである。人間関係論が誕生するきっかけとなったホーソン研究での面接計画は，態度調査の一環でもあった。つまり，組織へのフィードバックという視点があったはずである。日本に「産業カウンセリング」が導入された時期である1950年代の論文・書籍にも，その記述が残されている。しかし，当時の状況を想像すれば，カウンセリングを態度調査として扱うことで守秘義務を守ることができない可能性が生じる。カウンセラーが個人と組織の利害が対立する場面に立ち会う中で，目の前のクライエントの支援に注力したことは容易に想像がつくし，そうせざるをえなかったことも理解できる。

しかし，従業員支援の重要性が高まっている今，改めて原点に立ち返って，組織におけるカウンセリングという活動がもつ独自性に目を向ける必要があるのではないかという思いが，組織内カウンセリングのあり方を取り上げた動機の根底にある。個人の病理だけに目を向けるのではなく，個人と環境との相互作用に目を向けることこそが，カウンセリング心理学の特徴の一つである。個人と組織の相互作用の視点から問題を捉えることによって，多面的に解決策を検討することができるようになる。それを実現するためのネットワークも同時に必要となる。多くの事例を調べることを通じて，それこそが組織内カウンセリングを機能させる秘訣ではないかと考えるようになった。

しかし，組織におけるカウンセリングや相談がこの先も継続して受け入れられるかどうか，私はあまり楽観的にはなれない。たまたま理解のある経営者や人事担当者がいるからこそ，継続できているということはないだろうか。

 現代の人的資源管理の方向性を考慮すると，組織内カウンセリングの存在意義を，企業戦略・組織戦略との関連において明確に示すことが，相談機能を維持する上で不可欠である。法律によって安全衛生管理への取り組みが強化される中，相談体制の整備は進んでいる。しかし，それが実質的に機能するためには，企業ごとにその必然性を明確に示す必要がある。メンタルヘルス不調による影響を減らすことが組織の存続において不可欠であると考えるなら，そのために相談システムをどう組み立てるか，という発想をすることが自然であり，当然ながら既存の相談室や相談機能ありきではない。従業員の健康を重視した経営を実践するために，職場内に相談員を配置する組織もあれば，組織内のコミュニケーションスタイルを変えるために，従業員との対話を重視する仕組みとして，カウンセリングという名称ではなくコーチングを取り入れる組織もある。いずれの場合も，組織にとっての相談機能の目的を明確にし，それがどのように活用されるかを従業員に対して示すことが重要ではないだろうか。なぜならば，組織におけるカウンセリングの歴史は長く，いわば手垢がついた機能だからである。自社にとって，今なぜカウンセリングを取り入れるのか，を定義し直さなければ，勝手な先入観，イメージで判断されてしまう。あまりにそのイメージが強すぎるのであれば，カウンセリングとよぶ必要はないかもしれない。この時に問われるのは，カウンセリングを提供する担当者自身の先入観ではないだろうか。自分自身の中にある，組織におけるカウンセリングや相談，さらにいえば，組織そのものに対する思い，先入観などが，目的にかなう仕組みづくりを阻害していないかを振り返る必要があるように思われる。

 一方で，組織内カウンセリングの機能は，人事機能と重複するという考え方もあるため，人事部門の本来業務として位置づけることもできる。特別な制度や窓口を設ける必要はないという考え方もあるだろう。個人的な問題の背景にある組織問題に対処しようとすれば，個別相談機能だけでは，当然十分な影響力を発揮することはできない。しかし，同時に組織的な問題に人事部門だけで十分に対処できているといえるか，という疑問も生じる。人事が経営戦略部門に位置づけられるようになるほど，経営層との距離が縮まり，従業員の声が十分に届かなくなる可能性が懸念される。上級管理職にとって，現場の問題はパンドラの箱を開けるようなものだから従業員の声に耳を傾けたくないものだ，という指摘も海外の文献ではされている

（Orlans, 2003）。メンタルヘルス不調の背景にある組織的問題に目を向けることなく，個人的な問題としてのみ取り扱い，メンタルヘルス不調者を排除する方向に向かう姿勢をみせる企業に対して，社会は「ブラック企業」と警鐘を鳴らしているように思える。

　もちろん，カウンセリングはあくまでも個別支援である。しかし，カウンセリングを通じて得られた従業員の声が，どのような組織状況を反映して生まれたものなのか，それがこれからの経営活動にどのように影響していく可能性があるか，という点に注目することが，組織内カウンセリング独自の視点であり，人事部門の本来機能を補うことができる活動ではないかと思われる。

　以上のことを実践するためには，経営者にとっては耳の痛い情報を発信できるカウンセラーになる必要がある。そこには雇用主に物申すことになるというジレンマが存在するため，カウンセラーの立場は不安定になりやすいかもしれない。自身の雇用上の立場を案じながら，経営者や管理職層の嫌がる組織問題に対処できるカウンセラーはどれだけいるだろうか。これはカウンセリングの運営主体が内部従業員であろうと，外部機関であろうと共通である。この点も組織内カウンセリングの抱える大きな課題である。現状を考えると，経営層に聞く耳をもってもらうためには，カウンセラーの実力によってその存在意義を示すことから始める必要があるように思われる。泥臭い話だが，「あの人が言っているのだから，仕方ない」と経営層を説得できるかどうか，ということである。最初は属人的かもしれないが，その後に実績として従業員の変化，組織の変化を示すことである。企業の方にインタビュー調査していると，多くの人事部門責任者やスタッフの皆さまが，経営層との信頼関係を築く努力について語っておられた。自らの職場でのふるまい方や能力を振り返り，高め続けること，そして自らの仕事ぶりを通して，カウンセリング機能の必要性を示すことが求められているのではないだろうか。組織の問題を指摘するだけでなく，組織の強みに焦点を当て，今ある資源を土台に活動を積み重ねていく姿勢は，まさにカウンセリング心理学の中核的な価値観そのものである。カウンセリング心理学の理念のもとに仕事をすることこそが，カウンセリングを組織の中で認めさせる近道のように思われる。社会から必要とされるカウンセラーになるために，私自身が常に自らに言い聞かせていることでもある。

　なお，ここでオーガニゼーショナル・カウンセリングという概念について補足をしておきたい。現在出版されている米国や英国のカウンセリング心理学の基本的な

文献には,「オーガニゼーショナル・カウンセリング」に関する記述は確認できない。渡辺ら（2007）で紹介されているジョンズ・ホプキンス大学の上級マスターコースも 2008 年には研究科の再編にともなって廃止されている。その代わりに，コンサルティング心理学に関する文献が増えているのが現状である。

　これは，カウンセリングは個の支援，コンサルティングは組織の支援という役割分担が進んでいることの表れとみることができると思われる。そして，カウンセリング心理学者がコンサルティングを学ぶべきであることを示した論文や文献が複数確認されている。つまり，カウンセラーが組織介入できる必要があるという認識は，少なくとも米国においては確実に広まっている。

　最後に，本書の執筆は，多くの方々の協力なくしては実現することが不可能であった。まず，組織における相談活動の実践例を提供してくださった企業・団体の皆様，そしてアンケート調査にご協力いただいた人事の皆さま，インタビュー調査にご協力いただいた若手社員の皆さまに，心より感謝申し上げる。そして，修士論文のご指導をいただき，初期段階の原稿に対して筆者が書きたいことを浮き彫りにできるような貴重なアドバイスをくださった筑波大学名誉教授の渡辺三枝子先生，博士論文をご指導いただいた筑波大学の岡田昌毅教授，日頃から意見交換をさせていただいている研究会の皆さまに御礼申し上げる。

　また，これまで述べてきたように本書を貫く問題意識は，筆者自身の企業人・組織人としての経験が土台となっている。新入社員として入社した筆者を育ててくださった株式会社人事測定研究所（現株式会社リクルートマネジメントソリューションズ）の皆さま，その後人事部門での貴重な経験をさせていただいたソフトバンク株式会社の皆さま，大学に移った後も支えてくださった数多くの皆さまに心より感謝申し上げたい。最後に，筆者の執筆を支えてくださった筆者の家族にも御礼申し上げる。

道谷里英

【初出一覧】

道谷里英・岡田昌毅（2011）.大卒若年就業者のキャリア発達プロセスの探索的検討　筑波大学心理学研究, *41*, 33-43.【研究①】

道谷里英（2011）．大卒若年就業者のキャリア発達プロセスと影響要因に関する研究　筑波大学大学院人間総合科学研究科生涯発達科学専攻　博士論文【研究②・③】

道谷里英（2014）．組織内メンタルヘルス対策としての同僚による支援のあり方―民間企業と公的組織における導入事例の比較から　日本マネジメント学会第69回研究大会研究報告書, pp.53-56.【第5章-3】

道谷里英（2015）．職場における相談機能のあり方に関する探索的検討　産業・組織心理学会第31回大会発表論文集, pp.143-146.【第5章-1】

道谷里英（2016）．職場内相談窓口の活用に影響を与える要因―オーガニゼーショナル・カウンセリングとの関連から　産業・組織心理学会第32回大会発表論文集, pp.65-68.【研究④】

【参考文献・URL】

市川佳居（2002）．EAPスタッフの教育・研修の現状と問題点　産業ストレス研究, 9(2), 107-113.
岩出　博（1989）．アメリカ労務管理論史　三嶺書房
岩出　博（1991）．英国労務管理─その歴史と現代の課題　有斐閣
上野山達哉（1999）．意味形成アプローチによる組織社会化過程の定性的分析　六甲台論集，経営学編, 45(3), 1-19.
大竹恵子（2009）．メンタルヘルス対策としてのEAP（Employee Assistance Program）─日本における現状と課題　同志社政策科学研究, 11(2), 137-148.
大塚泰正（2012）．ポジティブ心理学の理論と職場のメンタルヘルス　産業精神保健, 20(3), 194-198.
大庭さよ・藤原美智子（2008）．「学び」の場から「働き」の場へ─ある一企業社員のインタビュー調査から　カウンセリング研究, 41, 108-118.
岡田昌毅・金井篤子（2006）．仕事，職業キャリア発達，心理・社会的発達の関係とプロセスの検討─企業における成人発達に焦点をあてて　産業・組織心理学研究, 20(1), 51-62.
緒方俊雄（2008）．遷延性うつ病者の職場復帰における社内ピアサポータの有効性について　産業カウンセリング研究, 10(1), 22-31.
尾形真実哉（2007）．新人の組織適応課題─リアリティ・ショックの多様性と対処行動に関する定性的分析　人材育成研究, 2(1), 13-30.
尾形真実哉（2008）．若年就業者の組織社会化プロセスの包括的検討　甲南経営研究, 48(4), 11-68.
岡本かおり・谷口　清（2009）．スクールカウンセラー活動の継続を支える要因─M-GTAを用いた質的研究　人間科学研究, 31, 161-172.
小川憲彦（2005a）．リアリティ・ショックが若年者の就業意識に及ぼす影響　経営行動科学, 18(1), 31-44.
小川憲彦（2005b）．組織社会化戦術が若年就業者の組織適応に与える影響　人材育成研究, 1(1), 79-93.
香川秀太・茂呂雄二（2006）．看護学生の状況間移動に伴う「異なる時間の流れ」の経験と生成─校内学習から院内実習への移動と学習過程の状況論的分析　教育心理学研究, 54(3), 346-360.
亀井美弥子（2006）．職場参加におけるアイデンティティ変容と学びの組織化の関係─新人の視点から見た学びの手がかりをめぐって　発達心理学研究, 17(1), 14-27.
木下康仁（2003）．グラウンデッド・セオリー・アプローチの実践─質的研究への誘い　弘文堂
経済産業省（2016）．健康経営銘柄レポート（2016年）Retrieved from http://www.meti.go.jp/policy/mono_info_service/healthcare/kenko_meigara.html（最終確認日：2016年9月23日）
経済産業省産業政策局産業再生課（編）（2016）．新産業構造ビジョン─第4次産業革命をリードする日本の戦略　経済産業調査会

小出　求（2000）．人事側から見た職場のメンタルヘルス活動─カウンセリングルームを開設しメンタルヘルス活動を導入した理由　産業ストレス研究, 7(3), 159-164.
厚生労働省（2012）．平成24年度労働者健康状況調査　Retrieved from http://www.mhlw.go.jp/toukei/list/h24-46-50.html（最終確認日：2016年8月28日）
厚生労働省（2015a）．心理的な負担の程度を把握するための検査及び面接指導の実施並びに面接指導結果に基づき事業者が講ずべき措置に関する指針　Retrieved from http://www.mhlw.go.jp/bunya/roudoukijun/anzeneisei12/pdf/150511-2.pdf（最終確認日：2016年9月23日）
厚生労働省（2015b）．「キャリアコンサルタント」について　Retrieved from http://www.mhlw.go.jp/stf/seisakunitsuite/bunya/0000104890.html（最終確認日：2016年8月15日）
厚生労働省（2016a）．障害者雇用状況の集計結果　Retrieved from http://www.mhlw.go.jp/stf/houdou/0000145259.html（最終確認日：2017年6月19日）
厚生労働省（2016b）．平成27年度過労死等の労災補償状況　Retrieved from http://www.mhlw.go.jp/stf/houdou/0000128216.html（最終確認日：2016年8月28日）
厚生労働省（2017a）．平成28年労働安全衛生調査（実態調査）Retrieved from http://www.mhlw.go.jp/toukei/list/dl/h28-46-50_gaikyo.pdf（最終確認日：2018年6月21日）
厚生労働省（2017b）．ストレスチェック制度の実施状況　Retrieved from http://www.mhlw.go.jp/file/04-Houdouhappyou-11303000-Roudoukijunkyokuanzeneiseibu-Roudoueiseika/0000172336.pdf（最終確認日：2018年6月21日）
厚生労働省（2017c）．新規学卒者の離職状況　Retrieved from http://www.mhlw.go.jp/stf/seisakunitsuite/bunya/0000137940.html（最終確認日：2018年6月21日）
厚生労働省（2017d）．職場定着助成金（個別企業助成コース）のご案内（平成29年11月版）Retrieved from https://www.mhlw.go.jp/file/06-Seisakujouhou-11600000-Shokugyouanteikyoku/0000183632.pdf（最終確認日：2018年7月13日）
国分康孝（1990）．カウンセリング辞典　誠信書房
小杉正太郎（1998）．コーピングの操作による行動理論的職場カウンセリングの試み　産業ストレス研究, 5(2), 91-98.
小玉一樹（2013）．従業員が能力発揮できる職場づくりについて─組織内の問題解決のためのメンタルヘルス対策取組事例　産業カウンセリング研究, 15(1), 18-29.
小西定之・松本桂樹（2008）．外部EAP活動と今後の展望─ジャパンEAPシステムズ　公衆衛生, 72(3), 236-239.
小林綾美・濱口佳和（2008）．教育相談機関における教師の教師役割とカウンセラー役割の統合プロセスに関する研究　カウンセリング研究, 41, 136-150.
坂柳恒夫（1999）．成人キャリア成熟尺度（ACMS）の信頼性と妥当性の検討　愛知教育大学研究報告, 教育科学, 48, 115-122.
島　悟・佐藤恵美（2003）．「事業場における労働者の心の健康づくりのための指針」の事業場外資源として　産業ストレス研究, 10(4), 245-249.
進藤勝美（1976）．経営組織の人間問題と人事相談制─人間関係管理序説（2）　彦根論

叢, *180*, 20-41.
菅原　馨（1968）．人事相談―効果的な職場適応のために　帝国地方行政学会
鈴木竜太（2002）．組織と個人　白桃書房
田尾雅夫（編著）（1997）．「会社人間」の研究―組織コミットメントの理論と実際　京都大学学術出版会
高橋弘司（1993）．組織社会化研究をめぐる諸問題：研究レビュー　経営行動科学, *8*, 1-22.
高橋　浩・楡木満生（2008）．女子大学生の成長体験の語りがキャリア発達に及ぼす影響　産業カウンセリング研究, *11*(1), 1-12.
竹内倫和（2009）．新規学卒就職者の個人－環境適合が組織適応に及ぼす影響―個人－組織適合と個人－職業適合の観点から　産業・組織心理学研究, *22*, 97-114.
竹内倫和・竹内規彦（2004）．組織社会化施策が新規学卒就職者の組織適応に与える影響　経営行動科学学会年次大会発表論文集(7), 203-212.
東京都産業労働局（2014）．都内身近な企業の障害者雇用取組事例集　Retrieved from https://www.hataraku.metro.tokyo.jp/koyo/shogai/torikumijirei.pdf（最終確認日：2016年8月28日）
得津愼子（2009）．知的障害者家族にみる日常生活を維持する力―M-GTAによるプロセス研究　関西福祉科学大学紀要, *13*, 19-35.
地方公務員安全衛生推進協会（2015）．地方公務員健康状況等の現況（平成26年度）の概要　Retrieved from http://www.jalsha.or.jp/tyosa/result（最終確認日：2016年9月23日）
中村和代（2013）．新人看護師の職場適応に向けた精神的支援策の検討―臨床心理士によるグループカウンセリングを実施して　日本看護研究学会雑誌, *36*(1), 141-148.
西尾正次・森田　寿（2003）．新入社員の早期退職につながる不安の要因について―MR/モニターの分析を通して　産業カウンセリング研究, *6*(1), 17-23.
新田泰生（1999）．教育研修を中心とした企業相談室の開設とその後の運営　産業カウンセリング研究, *3*(1), 1-7.
日本産業カウンセラー協会（2009）．企業内でのカウンセリングや職場のいじめ対策を見る―依然根強いカウンセリングへの"偏見"非正規雇用者への対処も今後の課題に　労働安全衛生広報, *42*(986), 30-35.
間　宏（1971）．日本的経営―集団主義の功罪　日本経済新聞社
橋本　剛（2015）．貢献感と援助要請の関連に及ぼす互恵的規範の増幅効果　社会心理学研究, *31*(1), 35-45.
花田光世（2001）．キャリアコンピテンシーをベースとしたキャリアデザイン論の展開―キャリア自律の実践とそのサポートメカニズムの構築をめざして　CRL Research Monograph, *1*, 1-5. Retrieved from http://crl.sfc.keio.ac.jp/mt/www/reports.html（最終確認日：2017年9月4日）
廣川　進（2008）．産業領域における統合的アプローチ―ある中年男性の復職支援のケースから　大正大学カウンセリング研究所紀要, *31*, 82-87.
藤本喜八（1961）．職場における意思疎通手段としてのカウンセリングテクニック　労務

事情, 67, 6-9.
藤原正仁（2009）．ゲーム産業におけるプロデューサーのキャリア発達　キャリアデザイン研究, 5, 5-21.
前川由未子・金井篤子（2015）．職場におけるメンタルヘルス風土と労働者の援助要請およびメンタルヘルスの実態　名古屋大学大学院教育発達科学研究科紀要　心理発達科学, 62, 27-37.
前田一寿（2003）．日本の職場のストレス対策専門機関に求められる機能　産業ストレス研究, 10(3), 213-221.
松崎一葉（監修）（2010）．公務員のための部下が「うつ」になったら読む本　学陽書房
丸山総一郎・長見まき子（2006）．職場のメンタルヘルス―事業場外資源としての外部 EAP 機関の試み　神戸親和女子大学研究論叢, 39, A86-A105.
丸山眞貴子（2009）．企業従業員の援助要請に影響を及ぼす要因について　平成 20 年度筑波大学大学院教育研究科カウンセリング専攻　修士論文（未公開論文）
三島徳雄・久保田進也（2002）．管理監督者を対象としたリスナー研修の進め方に関する研究―事業所，自治体における研修の経験から　産業ストレス研究, 9(3), 159-167.
道谷里英（2007）．新入社員の組織社会化に影響を及ぼす要因―初期キャリアの発達課題の視点から　産業・組織心理学研究, 20(2), 3-14.
道谷里英（2015）．職場における相談機能のあり方に関する探索的検討　産業・組織心理学会第 31 回大会発表論文集, pp.143-146.
道谷里英・岡田昌毅（2011）．大卒若年就業者のキャリア発達プロセスの探索的検討　筑波大学心理学研究, 41, 33-43.
道谷里英・小浜　駿・岡田昌毅・松井　豊・高塚雄介（2012）．若年就業者の組織社会化が入社後のキャリア成熟へ与える影響　キャリアデザイン研究, 8, 117-127.
宮城まり子（2003）．変貌する職場環境と働く人のメンタルヘルスケア―産業カウンセリングの役割と責任　立正大学心理学部研究紀要, 1, 99-112.
宮城まり子（2007）．産業臨床における休職・復職支援とカウンセリングの機能―休職，復職事例を通して　立正大学心理学部研究紀要, 5, 11-22.
宮仕聖子（2010）．専門的心理的援助要請を抑制および促進する要因についての検討―産業メンタルヘルスの視点から　日本女子大学大学院人間社会研究科紀要, 17, 73-93.
森　慶輔・三浦香苗（2006）．職場における短縮版ソーシャルサポート尺度の開発と信頼性・妥当性の検討―公立中学校教員への調査を基に　昭和女子大学生活心理研究所紀要, 9, 74-88.
森本三男（1999）．日本的経営の生成・成熟・転換　学文社
文部科学省（2010）．大学設置基準及び短期大学設置基準の改正について（諮問）Retrieved from http://www.mext.go.jp/b_menu/shingi/chukyo/chukyo4/houkoku/1289824.htm　（最終確認日：2018 年 7 月 13 日）
山田雄一（1962）．総論―人間関係管理の諸技術　労務管理協会（編）人間関係（pp.1-106）．技報堂
山本和郎（2001）．人生ストーリーを読み替えた厄年の男性―登社拒否をした銀行員の事例　人間関係学研究, 2, 1-8.

山本　寛（2005）．転職とキャリアの研究―組織間キャリア発達の観点から　創成社
横山哲夫（1988）．個立の時代の人材育成―多様・異質・異能が組織を伸ばす　日本生産性本部
労働省（1988）．健康保持増進のための指針
労働省（2000）．事業場における労働者の心の健康づくりのための指針
労働省婦人少年局（1967）．産業カウンセリング制度普及状況調査報告書
労働政策研究・研修機構（2007）．若年者の離職理由と職場定着に関する調査　JILPT 調査シリーズ No. 36
労働政策研究・研修機構（編）（2012）．職場におけるメンタルヘルス対策に関する調査　労働政策研究・研修機構
労働政策研究・研修機構（2017）．若年者の離職状況と離職後のキャリア形成（若年者の能力開発と職場への定着に関する調査）　JILPT 調査シリーズ No. 164.
労働政策研究・研修機構調査・解析部（編）（2007）．若年者の離職理由と職場定着に関する調査　労働政策研究・研修機構
若林　満（1987）．キャリア発達に伴う職務満足度・組織コミットメントの変化について　日本労務学会年報, *16*, 105-115.
若林　満・南　隆男・佐野勝男（1980）．わが国産業組織における大卒新入社員のキャリア発達過程―その継時的分析　組織行動研究, *6*, 3-131.
渡辺三枝子・ハー, E. L.（2001）．キャリアカウンセリング入門―人と仕事の橋渡し　ナカニシヤ出版
渡辺三枝子・大庭さよ・岡田昌毅・黒川雅之・佐野光宏・中村　恵・平田史昭・藤原美智子・堀越　弘（2005）．オーガニゼーショナル・カウンセリング序説―組織と個人のためのカウンセラーを目指して　ナカニシヤ出版
渡辺三枝子・大庭さよ・岡田昌毅・黒川雅之・田中勝男・中村　恵・道谷里英（2013）．キャリアカウンセリング再考―実践に役立つQ&A　ナカニシヤ出版
渡辺三枝子・大庭さよ・岡田昌毅・黒川雅之・中村　恵・藤原美智子・堀越　弘・道谷里英（2007）．新版 キャリアの心理学―キャリア支援への発達的アプローチ　ナカニシヤ出版
American Psychological Association (2007). Guidelines for education and training at the doctoral and postdoctoral levels in consulting psychology/organizational consulting psychology. *American Psychologist, 62*(9), 980-992.
American Psychological Association. (2017). *Guidelines for education and training at the doctoral and postdoctoral level in consulting psychology (CP)/ organizational consulting psychology*. Retrieved from: http://preview.apa.org/about/policy/educationtraining.pdf（最終確認日：2018 年 6 月 27 日）
Arthur, M. B. (1994). The boundaryless career: A new perspective for organizational inquiry: Introduction. *Journal of Organizational Behavior, 15*(4), 295-306.
Arthur, M. B., & Rousseau, D. (1996). *The boundaryless career: A new employment principle for a new organizational era*. New York: Oxford University Press.
Ashford, S. J., & Black, J. S. (1996). Proactivity during organizaitional entry: The role

of desire for control. *Journal of Applied Psychology, 81*, 199–214.

Ashforth, B. E., Sluss, D. M., & Saks, A. M. (2007). Socialization tactics, proactive behavior, and newcomer learning: Integrating socialization models. *Journal of Vocational Behavior, 70*, 447–462.

Azzone,V., McCann, B., Merrick, E. L., Hiatt, D., Hodgkin, D., & Horgan, C. (2009). Workplace stress, organizational factors and EAP utilization. *Journal of Workplace Behavioral Health, 24*(3), 344–356.

Bauer, T. N., Bodner, T., Erdogan, B., Truxillo, D. M., & Tucker, J. S. (2007). Newcomer adjustment during organizational socialization: A meta-analytic review of antecedents, outcomes, and methods. *Journal of Applied Psychology, 92*, 707–721.

Bellows, R. M. (1961). *Psychology of personnel in business and industry.* Englewood Cliffs: Prentice-Hall.

Berger, C. R. (1979). Beyond initial interaction: Uncertainty, understanding, and the development of interpersonal relationship. In H. Giles, & R. N. St. Clair (Eds.), *Language and social psychology* (pp.122–144). Oxford: Basil Blackwell.

Carroll, M. (1995). The counsellor in organizational settings: Some reflections. *Employee Counselling Today, 7*(1), 23–29.

Carroll, M. (1997). Counselling in organizations: An overview. In M. Carroll, & M. Walton (Eds.), *Handbook of counselling in organizations* (pp.8–28). London: Sage.

Cartwright, S., & Cooper, C. (2011). *Innovations in stress and health.* Basingstoke: Palgrave Macmillan.

Chao, G. T. (1988). The socialization process: Building newcomer commitment. In M. London, & E. Mone (Eds.), *Career growth and human resource strategies: The role of the human resource professional in employee development* (pp.31–47). Westport, CT: Quorum.

Chao, G. T., O'Leary-Kelly, A. M., Wolf, S., Klein, H. J., & Gardner, P. D. (1994). Organizational socialization: Its content and consequences. *Journal of Applied Psychology, 79*, 730–743.

Chung, Y. B., Chang, T. K., & Rose, C. S. (2015). Managing and coping with sexual identity at work. *The Psychologist, 28*(3), 212–215.

Clavelle, P. R., Dickerson, S. J., & Murphy, M. W. (2012). Counseling outcomes at a U.S. Department of Defense employee assistance program. *Journal of Workplace Behavioral Health, 27*(3), 127–138.

Coles, A. (2003). *Counselling in the workplace.* Maidenhead: Open University Press.

Cooper, S. E., Newman, J. L., & Fuqua, D. R. (2012). Counseling psychologists as consultants. In N. A. Fouad, J. A. Carter, & L. M. Subich (Eds.), *APA handbook of counseling psychology, vol.2: Practice, interventions, and applications* (pp.515–539). Washington, DC: American Psychological Association.

Dickerson, S. J., Murphy, M. W., & Clavelle, P. R. (2012). Work adjustment and general level of functioning pre- and post-EAP counseling. *Journal of Workplace Behavioral*

Health, 27(4), 217-226.
Dickson, W. J., & Roethlisberger, F. J. (1966). *Counseling in an organization: A sequel to the Hawthorne researches*. Boston: Division of Research, Graduate School of Business Administration, Harvard University.
Duffy, M., & Sperry, L. (2007). Workplace mobbing: Individual and family health consequences. *The Family Journal, 15*(4), 398-404.
Dunnette, M. D., & Kirchner, W. K. (1965). *Psychology applied to industry*. New York: Appleton-Century-Crofts.
Falcione, R. L., & Wilson, C. E. (1988). Socialization processes in organizations. In G. M. Goldhaber, & G. A. Barnett (Eds.), *Handbook of organizational communication* (pp.151-169). Norwood, NJ: Ablex.
Feij, J. A., Whitely, W. T., Peiro, J. M., & Taris, T. W. (1995). The development of career-enhancing strategies and content innovation: A longitudinal study of new workers. *Journal of Vocational Behavior, 46*, 231-256.
Gates, T. G. (2014). Assessing the relationship between outness at work and stigma consciousness among LGB workers in the Midwest and the resulting implications for counselors. *Counselling Psychology Quarterly, 27*(3), 264-276.
Gelso, C. J., Williams, E. N., & Fretz, B. R. (2014). *Counseling Psychology* (3rd ed.). Washington, DC: American Psychological Association.
Gerstein, L. H., & Shullman, S. L. (1992). Counseling psychology and workplace: The emergence of organizational counseling psychology. In S. D. Brown, & R. W. Lent (Eds.), *Handbook of Counseling Psychology* (2nd ed., pp.581-625). Oxford: John Wiley & Sons.
Gillespie, R. (1991). *Manufacturing knowledge: A history of the Hawthorne experiments*. Cambridge, UK; New York: Cambridge University Press.
Ginsberg, M. R., Kilburg, R. R., & Gomes, P. G. (1999). Organizational counseling and the delivery of integrated human services in the workplace: An evolving model for employee assistance theory and practice. In J. M. Oher (Ed.), *The employee assistance handbook* (pp.439-456). New York: Wiley.（オハー, J. M.／内山喜久雄・島　悟（監訳）（2005）．EAP ハンドブック　フィスメック）
Gyllensten, K., Palmer, S., & Farrants, J. (2005). Perceptions of stress and stress interventions in finance organizations: Overcoming resistance towards counselling. *Counselling Psychology Quarterly, 18*(1), 19-29.
Hagner, D. (2003). What we know about preventing and managing coworker resentment or rejection. *Journal of Applied Rehabilitation Counseling, 34*(1), 25-30.
Hall, D. T. (1996). Protean careers of the 21 century. *Academy of Management Executive, 10*, 8-16.
Hall, D. T. (2002). *Careers in and out of organizations*. Thousand Oaks, CA: Sage.
Hall, D. T., & Schneider, B. (1973). *Organizational climates and careers: The work lives of priests*. New York: Academic Press.

Haueter, J. A., Macan, T. H., & Winter, J. (2003). Measurement of newcomer socialization: Construct validation of a multidimensional scale. *Journal of Vocational Behavior, 63*, 20-39.

Herr, E. L., Cramer, S. H., & Niles, S. G. (2004). *Career guidance and counseling through the lifespan: Systematic approaches* (6th ed.). Boston: Pearson Education.

Highhouse, S. (1999). The brief history of personnel counseling in industrial-organizational psychology. *Journal of Vocational Behavior, 55*, 318-336.

Hill, C. (2000). Does workplace counselling have an organisational function? *Counselling Psychology Review, 15*(4), 13-23.

Hughes, R., & Kinder, A. (2007). *Guidelines for counselling in the workplace*. Lutterworth: British Association for Counselling and Psychotherapy.

Jayasinghe, M. (2001). *Counselling in career guidance*. Buckingham: Open University. (ジャヤシンゲ, M.／小林　勝・村上良三（訳）(2004). キャリア・ガイダンスとカウンセリング―英国にみる理論と実践　同友館)

Jones, G. R. (1986). Socialization tactics, self-efficacy, and newcomers' adjustments to organizations. *Academy of Management Journal, 29*, 262-279.

Kaufman, B. E. (2007). The development of HRM in historical and international perspective. In P. Boxall, J. Purcell, & P. Wright (Eds.), *The Oxford handbook of human resource management* (pp.19-47). Oxford: Oxford University Press.

Kinder, A. (2005). Workplace counselling: A poor relation? *Counselling at Work, Spring*, 22-25.

Kinder, A. (2007). Counselling psychologists in the workplace. *Counselling Psychology Review, 22*(1), 32-34.

Kirk-Brown, A., & Wallace, D. (2004). Predicting burnout and job satisfaction in workplace counselors: The influence of role stressors, job challenge, and organizational knowledge. *Journal of Employment Counseling, 41*(1), 29-37.

Leong, F. T. L., & Leach, M. M. (2008). *Counseling psychology*. Aldershot: Ashgate.

Lester, R. E. (1987). Organizational culture, uncertainty reduction, and the socialization of new organizational members. In S. Thomas (Ed.), *Culture and communication: Methodology, behavior, artifacts, and institutions* (pp.105-113). Norwood, NJ: Ablex.

Lewis, J. A., & Lewis, M. D. (1986). *Counseling programs for employees in the workplace*. Monterey, CA: Brooks/Cole.

Louis, M. R. (1980). Surprise and sense making: What newcomers experience in entering unfamiliar organizational settings. *Administrative Science Quarterly, 25*, 226-251.

Major, D. A., Kozlowski, S. W. J., Chao, G. T., & Gardner, P. D. (1995). A longitudinal investigation of newcomer expectations, early socialization outcomes, and the moderating effects of role development factors. *Journal of Applied Psychology, 80*, 418-431.

Martin, A. O. (1967). *Welfare at work*. London: B. T. Batsford.
McLeod, J. (2010). The effectiveness of workplace counselling: A systematic review. *Counselling & Psychotherapy Research, 10*(4), 238-248.
McNamee, S., & Gergen, K. J. (1992). *Therapy as social construction*. London; Newbury Park: *Sage*. (マクナミー, S,・ガーゲン, K. J./野口裕二・野村直樹（訳）(1997). ナラティヴ・セラピー──社会構成主義の実践　金剛出版)
Morrison, E. W. (1993). Longitudinal study of the effects of information seeking on newcomer socialization. *Journal of Applied Psychology, 78*, 173-183.
Morrison, E. W. (2002). Newcomers' relationships: The role of social network ties during socialization. *Academy of Management Journal, 45*, 1149-1160.
Murphy, L. R. (1995). Managing job stress: An employee assistance/human resource management partnership. *Personnel Review, 24*(1), 41-50.
Nelson-Jones, R. (1993). *Practical counselling and helping skills: How to use the lifeskills helping model* (3rd ed.). London: Cassell.
Orlans, V. (2003). Counselling psychology in the workplace. In R. Woolfe, W. Dryden, & S. Strawbridge (Eds.), *Handbook of counselling psychology* (2nd ed., pp.536-551). London; Thousand Oaks, CA: Sage.
Palmer, S., & Gyllensten, K. (2009). Counselling psychology in the workplace. In R. Woolfe, S. Strawbridge, B. Douglas, & W. Dryden (Eds.), *Handbook of counselling psychology* (3rd ed., pp.416-433). London; Thousand Oaks, CA: Sage.
Pickard, E. (1997). Developing training for organizational counselling. In M. Carroll, & M. Walton (Eds.), *Handbook of counselling in organizations* (pp.323-341). London: Sage.
Porter, L. W., & Steers, R. M. (1973). Organizational work and personal factors in employee turnover and absenteeism. *Psychological Bulletin, 80*, 151-176.
Saks, A. M., Uggerslev, K. L., & Fassina, N. E. (2007). Socialization tactics and newcomer adjustment: A meta-analytic review and test of a model. *Journal of Vocational Behavior, 70*, 413-446.
Savickas, M. L. (1997). Career adaptability: An integrative construct for life-span, life-space theory. *The Career Development Quarterly, 45*, 247-259.
Savickas, M. L. (2005). The theory and practice of career construction. In S. D. Brown, & R. W. Lent (Eds.), *Career development and counseling: Putting theory and research to work* (pp.42-70). Hoboken, NJ: John Wiley & Sons.
Savickas, M. L. (2012). Life design: A paradigm for career intervention in the 21st century. *Journal of Counseling & Development, 90*(1), 13-19.
Savickas, M. L., Nota, L., Rossier, J., Dauwalder, J., Duarte, M. E., Guichard, J., Soresi, S., Esbroeck, R. V., & van Vianen, A. E. (2009). Life designing: A paradigm for career construction in the 21st century. *Journal of Vocational Behavior, 75*(3), 239-250.
Schein, E. H. (1978). *Career dynamics: Matching individual and organizational needs*. Readings, MA: Addison-Wesley. (シャイン, E. H./二村敏子・三善勝代（訳）

(1991). キャリア・ダイナミクス―キャリアとは、生涯を通しての人間の生き方・表現である。 白桃書房)

Schwenk, E. (2006). The workplace counsellor's toolbox. *Counselling at Work*, Winter 2006, 20-24.

Sullivan, S. E., & Mainiero, L. A. (2008). Using the kaleidoscope career model to understand the changing patterns of women's careers: Designing HRD programs that attract and retain women. *Advances in Developing Human Resources*, 10(1), 32-49.

Super, D. E. (1957). *The psychology of careers: An introduction to vocational development*. New York: Harper & Row.

Super, D. E. (1977). Vocational maturity in mid-career. *Vocational Guidance Quarterly*, 25(4), 294-302.

Super, D. E. (1984). Perspectives on the meaning and value of work. In N. C. Gysbers (Ed.), *Designing careers: Counseling to enhance education, work, and leisure* (pp. 27-53). San Francisco: Jossey-Bass.

Super, D. E., & Knasel, E. G. (1981). Career development in adulthood: Some theoretical problems and possible solution. *British Journal of Guidance & Counselling*, 9(2), 194-201.

Tehrani, N. (1997). Internal counseling provision for organizations. In M. Carroll, & M. Walton (Eds.), *Handbook of counselling in organizations* (pp.42-56). London: Sage.

Tehrani, N. (1998). Counselling in the workplace: The organizational counsellor. *Counselling Psychology Quarterly*, 11(1), 23-32.

Valentine, S. (2004). Employment counseling and organizational ethical values. *Journal of Employment Counseling*, 41(4), 146-155.

Van Maanen, J. (1976). Breaking in: Socialization to work. In R. Dubin (Eds.), *Handbook of Work, Organization, and Society* (pp.67-130). Chicago: Rand McNally.

Van Maanen, J., & Schein, E. H. (1979). Toward a theory of organizational socialization. In B. M. Staw (Ed.), *Research in organizational behavior: An annual series of analytical essays and critical reviews* (vol.1, pp.209-266). Greenwich, CT: JAI Press.

Walton, L. (2003). Exploration of the attitudes of employees towards the provision of counselling within a profit-making organisation. *Counselling and Psychotherapy Research*, 3(1), 65-71.

Wanberg, C. R., & Kammeyer-Mueller, J. D. (2000). Predictors and outcomes of proactivity in the socialization process. *Journal of Applied Psychology*, 85(3), 373-385.

Wang S., Kinder A., & Park R. (2011). The whole is greater than the sum of the parts: Developing a systems approach to tackling mental health in the workplace. In S. Cartwright & C. Cooper (Eds.). *Innovations in stress and health* (pp.75-105). London: Palgrave Macmillan.

Wanous, J. P. (1992). *Organizataional entry: Recruitment,selection, and socialization of newcomers* (2nd ed.). Reading, MA: Addison-Wesley.

Waterman, R., Collard, B., & Waterman, J. (1994). Toward the career-resilient workforce. *Harvard Business Review, 1994 July-August,* 87–95.

WHO (2016). *World Health Statistics 2016.* Retrieved from http://www.who.int/gho/publications/world_health_statistics/2016/en/ (最終確認日：2016 年 8 月 24 日)

Winwood, M. A., & Beer, S. (2008). What makes a good employee assistance programme? In A. Kinder, R. Hughes, & C. L. Cooper (Eds.), *Employee well-being support: A workplace resource* (pp.183-200). Chichester: Wiley.

Zunker V. (2008). *Career, work, and mental health: Integrating career and personal counseling.* Los Angeles: Sage.

事項索引

A-Z
EAP　75

LGBT　11

M-GTA　32

NSQ　24

OFF-JT　14

Post Office　84

あ行
アサイン　89

意味形成アプローチ　23, 40

インターンシップ　68

援助要請　111

オーガニゼーショナル・カウンセリング　ii, 71, 72, 83, 118
　——心理学　71
　——統合モデル　72
　——導入モデル　82
　——の実践度　98, 100

オーダーメイド型障害者雇用サポート事業　11

か行
カウンセラー自身のメンタルヘルス　79

カウンセリング　i, 72
　——心理学者　73

学習　30
　——のカリキュラム　27
カテゴリー名　36

期待　23
期待適合仮説　23
キャリア・アダプタビリティ　19, 47, 61, 62
　——尺度　48, 54, 55
　——の促進の要因　57, 63, 64
　——のプロセス的要因　56, 63, 64
キャリアカウンセラー　10
キャリアコンサルタント資格　7
キャリア成熟　19, 47, 62
　——度　42, 56, 60, 61, 63, 66
キャリア発達アプローチ　17
キャリア発達課題　30

経験の活用　65

コーチング　80
個のキャリア発達　70

さ行
サブカテゴリー名　36
産業福祉　4

自己スティグマ　112
社会化戦術　30
社会構成主義　46
社会的戦術　26, 30
若年就業者版キャリア・ア

ダプタビリティ尺度　59
従業員支援プログラム　3, 75
修理モデル　79
障害者　11
上司のサポート　66
職員相談員制度　95
職業ガイダンス運動　1
職業的成熟　19
職場のカウンセラーの役割　78
人事相談制度　2
新入社員の能動的な行動　29

ストレスチェック制度　i, 12

成長モデル　79
専門性　100
戦略性　100

早期離職者　13
相談員連絡会　107
組織コンサルティング心理学　113
組織再社会化　15
組織社会化　15, 22, 30, 70
　——戦術　26
　——の段階モデル　22
組織内カウンセリング　74, 78
　——の課題　76
　——の効果　74
組織におけるカウンセリングの発展段階　81
組織の変革　77

組織への適応　60, 62, 63
組織レベルの介入　3

た行
大学設置基準　14
第4次産業革命　9

統合度　100
同僚からのサポート　46, 66

な行
内容的戦術　26

人間関係
　——管理技法　5
　——による支援　57, 60, 62-64
能動的な行動　30

は行
ピアサポーター　88
　——制度　88

ファーストステップ　45
不確実性低減理論　24
文脈的戦術　26

ホーソン工場　2

ま行
マキシサイクル　18

メンタルヘルス
　——対応職員　86
　——対策　12
　——不調　12

や行
役割葛藤　28
役割の学習　56, 59, 61-63

予期的社会化　22

ら行
ライフデザイニング　10
ラポール　90

リアリスティック・ジョブ・プレビュー　25
リアリティ・ショック　23
リファー　90
臨床心理学者　73

人名索引

A-Z
Arthur, M. B.　9
Ashford, S. J.　29
Ashforth, B. E.　22, 30
Azzone, V.　99

Beer, S.　5
Bellows, R. M.　2
Berger, C. R.　24
Black, J. S.　29

Cartwright, S.　112
Chung, Y. B.　11
Clavelle, P. R.　75
Coles, A.　i, 4
Coles, A.　4
Cooper, C.　112

Cooper, S. E.　3

Dickerson, S. J.　75
Dunnette, M. D.　2

Falcione, R. L.　24

Gates, T. G.　11
Gergen, K. J.　46
Gerstein, L. H.　2, 71
Gillespie, R.　2
Ginsberg, M. R.　4

Hagner, D.　11
Hall, D. T.　10, 23, 39
Hughes, R.　5

Jayasinghe, M.　7

Kammeyer-Mueller, J. D.　29
Kaufman, B. E.　2
Kirchner, W. K.　2
Kirk-Brown, A.　79

Lester, R. E.　24
Lewis, J. A.　3
Lewis, M. D.　3

Mainiero, L. A.　10
Major, D. A.　27, 28, 46
McNamee, S.　46

Nelson-Jones, R.　74

Orlans, V.　*5, 114, 117*

Palmer, S.　*5, 98*
Porter, L. W.　*23*

Rousseau, D.　*9*

Schneider, B.　*23, 39*
Schwenk, E.　*78*
Shullman, S. L.　*2, 71*
Steers, R. M.　*23*
Sullivan, S. E.　*10*

Tehrani, N.　*84*

Wallace, D.　*79*
Walton, L.　*99*
Wanberg, C. R.　*29*
Wang, S.　*84*
Waterman, R.　*9*
Wilson, C. E.　*24*
Winwood, M. A.　*5*

Zunker, V.　*7*

あ行
市川佳居　*76*
岩出　博　*1, 4*
ヴァレンタイン（Valentine, S.）　*80*
ヴァンマーネン（Van Maanen, J.）　*15, 22, 23, 26*
上野山達哉　*29*
大竹恵子　*76*
大塚泰正　*12*
大庭さよ　*45*
緒方俊雄　*79*

岡田昌毅　*32, 45*
尾形真実哉　*23*
小川憲彦　*23, 24*

か行
金井篤子　*45, 111*
亀井美弥子　*27*

木下康仁　*32, 33*
キャロル（Carrol, M.）　*5, 74, 75*
ギレンセン（Gyllensten, K.）　*5, 80, 98*
キンダー（Kinder, A.）　*5, 98*

久保田進也　*6*

ゲルソー（Gelso, C. J.）　*72, 73*

小出　求　*80*
小杉正太郎　*75*
小玉一樹　*80*
小西定之　*75*

さ行
サックス（Saks, A. M.）　*26, 29*
佐藤恵美　*79*
サビカス（Savickas, M. L.）　*10, 19, 46, 47*
島　悟　*79*
シャイン（Schein, E. H.）　*15, 18, 22, 26*
ジョーンズ（Jones, G. R.）　*26, 27*
進藤勝美　*2, 3*

スーパー（Super, D. E.）　*17-20*
菅原　馨　*6*
鈴木竜太　*41*
スペリー（Sperry, L.）　*77*

た行
田尾雅夫　*28*
高橋弘司　*22*
高橋　浩　*66*
竹内倫和　*24*
竹内規彦　*24*
ダフィ（Duffy, M.）　*77*
チャオ（Chao, G. T.）　*24, 25*

ディクソン（Dickson, W. J.）　*2*

な行
長見まき子　*76*
中村和代　*75*
ナセル（Knasel, E. G.）　*19*

西尾正次　*75*
新田泰生　*79*
楡木満生　*66*

は行
ハー（Herr, E. L.）　*1, 17, 19*
パーソンズ（Persons, F.）　*1*
ハイハウス（Highhouse, S.）　*2, 3*
バウアー（Bauer, T. N.）　*22, 26, 30*

間 宏　5
橋本 剛　111, 112
花田光世　9

ピッカード（Pickard, E.）
　81, 98, 100
ヒル（Hill, C.）　77
廣川 進　77

フェイジ（Feij, J. A.）　66
藤本喜八　5, 6
藤原美智子　45

ホーター（Haueter, J. A.）
　24

ま行
マーフィー（Murphy, L. R.）　99
前川由未子　111
前田一寿　76
マクロード（McLeod, J.）　74

松崎一葉　12
松本桂樹　75
丸山総一郎　76
丸山眞貴子　112

三浦香苗　59
三島徳雄　6
道谷里英　32, 46, 50, 56, 65, 99, 100
宮城まり子　77, 79
宮仕聖子　112

森 慶輔　59
モリソン（Morrison, E. W.）　28
森田 寿　75
森本三男　5

や行
山田雄一　5, 6
山本和郎　76

横山哲夫　7

ら行
リーチ（Leach, M. M.）　73
ルイス（Louis, M. R.）　23, 29, 40
レオン（Leong, F. T. L.）　73
レスリスバーガー（Roethlisberger, F. J.）　2, 3
ロジャース, C. R.　2

わ行
若林 満　27, 41, 46
渡辺三枝子　17, 19, 20, 71, 72, 74, 119
ワヌウス（Wanous, J. P.）　23, 25, 26

著者紹介

道谷里英(みちたに りえ)
順天堂大学 国際教養学部 准教授。
人事アセスメントツール専門企業において営業や人事コンサルティング業務に従事した後,通信関連企業における人事およびキャリアカウンセラー,筑波大学キャリア支援室准教授,文京学院大学経営学部准教授を経て,現職。
筑波大学大学院人間総合科学研究科生涯発達科学専攻修了,博士(カウンセリング科学)。

主な著書
『新版 キャリアの心理学(第2版)』ナカニシヤ出版,2018年(共著)
『キャリアを超えてワーキング心理学—働くことへの心理学的アプローチ』白桃書房,2018年(共訳)
『キャリアカウンセリング再考—実践に役立つQ&A(第2版)』ナカニシヤ出版,2017年(共著)
『キャリアカウンセリング実践—24の相談事例から学ぶ』ナカニシヤ出版,2016年(共著)
『ホランドの職業選択理論—パーソナリティと働く環境』雇用問題研究会,2013年(共訳)

キャリアを支えるカウンセリング
組織内カウンセリングの理論と実践

2018年8月31日　　初版第1刷発行

　　著　者　道谷里英
　　発行者　中西　良
　　発行所　株式会社ナカニシヤ出版
　　〒606-8161　京都市左京区一乗寺木ノ本町15番地
　　　　　　　　Telephone　075-723-0111
　　　　　　　　Facsimile　075-723-0095
　　　　　Website　http://www.nakanishiya.co.jp/
　　　　　Email　iihon-ippai@nakanishiya.co.jp
　　　　　　　　郵便振替　01030-0-13128

印刷・製本＝創栄図書印刷／装幀＝白沢　正
Copyright © 2018 by R. Michitani
Printed in Japan.
ISBN978-4-7795-1299-5

本書のコピー,スキャン,デジタル化等の無断複製は著作権法上の例外を除き禁じられています。本書を代行業者等の第三者に依頼してスキャンやデジタル化することはたとえ個人や家庭内の利用であっても著作権法上認められていません。

ナカニシヤ出版・書籍のご案内　表示の価格は本体価格です。

新版キャリアの心理学 [第2版]

キャリア支援への発達的アプローチ　渡辺三枝子 [編著]　キャリア・カウンセリング理論を学ぶ基本テキスト。変化していく理論をより正確に記述、関連性の近い理論家で章を配置しなおして改訂。　　　　2000円＋税

キャリアカウンセリング再考 [第2版]

実践に役立つQ&A　渡辺三枝子 [編著]　実践場面で直面する50のQ&A。働き方の多様化に伴い、転職やハローワーク、障害をもつ人の就職相談、リワークなどの内容を追加。　　　　2400円＋税

キャリアカウンセリング実践

24の相談事例から学ぶ　渡辺三枝子 [編著]　カウンセリングの前提からプロセス、仮説、方針、その後の対応まで示した、自らのアプローチを考え、発展させるための手引書。　　　　2400円＋税

大学生のためのデザイニング・キャリア

渡辺三枝子・五十嵐浩也・田中勝男・高野澤勝美 [著]　就活生も新入生も、大学4年間に丁寧に寄り添う32のワークに挑戦して、大学生活を最大限充実させ、自分の未来を自分の手でつかもう。　　　　2000円＋税

リハビリテーション・カウンセリング

渡辺三枝子 [監修] ／藤田有香 [著]　障害が障害にならない社会を目指して、障害者のキャリア形成を支援するカウンセリングの理念や方法を、事例を取り上げながら解説する。　　　　1900円＋税

オーガニゼーショナル・カウンセリング序説

組織と個人のためのカウンセラーをめざして　渡辺三枝子 [編著]　組織に生きる個々人はもちろん組織の発展にも貢献できる能動的なカウンセラーをめざすカウンセリング入門。　　　　2400円＋税

キャリアカウンセリング入門

渡辺三枝子・E. L. ハー [著]　キャリアカウンセリングをめぐる混乱した状況を整理した上で、その背景となる理論について概観。　　　　2200円＋税

経営・ビジネス心理学

松田幸弘 [編著]　産業・組織心理学の部門、組織行動・作業・人事・消費者行動に対応した構成で各々の問題を網羅。基礎から研究動向まで踏まえた決定版。　2500円＋税

若者たちの海外就職

「グローバル人材」の現在　神谷浩夫・丹羽孝仁［編著］　彼・彼女たちは、なぜ海外に就職したのか、どのように働いているのか。自らの意思で海外に移住し、働く、日本人の実態を明らかにする。　　　　　　　　　　　　　　　　　　　　　　　2700円＋税

大学における多文化体験学習への挑戦

国内と海外を結ぶ体験的学びの可視化を支援する　村田晶子［編著］　海外、国内での異文化体験と多様な背景をもつ人々との交流を「多文化体験学習」と捉え多様な実践から教育デザインと学びの意義を分析。　　　　　　　　　　　　　　　　　　　2900円＋税

大学における海外体験学習への挑戦

子島　進・藤原孝章［編］　様々なプログラムを記述・分析する「事例編」と学習を総合的に検討する「マネージメントと評価編」を通してよりよい実践をめざす。　2800円＋税

ノードとしての青年期

髙坂康雅［編］　青年期研究にどこから切り込むか？　文化や社会などの影響を受けやすく、様々な問題が起こりやすい青年期に多角的に迫る。卒論にも最適。
　　　　　　　　　　　　　　　　　　　　　　　　　　　　　　　　　　　　2400円＋税

成人発達とエイジングの心理学

西村純一［著］　心理学的研究の歴史的流れや概念から、成人期の知覚や創造性の加齢変化、そして高齢期の幸福のありかたまで豊富なデータを用いて解説。　　3500円＋税

産業保健心理学

保健と健康の心理学 標準テキスト⑤　島津明人［編著］　産業保健心理学の基礎と最新のトピックを体系的に扱う日本初のテキスト。労働者の安全・健康・幸福の保持・増進に向けて具体的に解説。　　　　　　　　　　　　　　　　　　　　　　　3200円＋税

心をつかめば人は動く

人を導くチカラをつける27の心理学　フジモトマナブ［著］　人の上に立つことを難しく考えていませんか？　臨機応変にテクニックを使い分け、状況に合わせて応用すれば誰でも理想の上司になれます。　　　　　　　　　　　　　　　　　　　1800円＋税

メディアをつくって社会をデザインする仕事

プロジェクトの種を求めて　大塚泰造・松本健太郎［監修］　教育現場、地域社会、現代文化を変えようとする起業家たちはどのような思いを伝えたのか？　大学生たちが自ら編み上げたインタビュー集。　　　　　　　　　　　　　　　　　　　　　1900円＋税

課題解決型授業への挑戦

プロジェクト・ベースト・ラーニングの実践と評価　後藤文彦［監修］／伊吹勇亮・木原麻子［編著］　キャリア教育として長年実施され、高評価を得ている三年一貫授業の事例を包括的に紹介し、日本における課題解決型授業の可能性を拓く。　　3600円＋税

アメリカの大学に学ぶ学習支援の手引き

日本の大学にどう活かすか　谷川裕稔［編］　現在、定着しつつある様々な教育支援プログラムは、いかなる経緯でアメリカの大学に生み出されたのか。それをどう活かすべきなのか。　　2400円＋税

働く人たちのメンタルヘルス対策と実務

実践と応用　森下高治・本岡寛子・枚田　香［編］　実務から基礎理論、さらには応用的実践まで解説。人事・労務担当者から産業保健スタッフや臨床心理士まで幅広く使える手引き書。　　2400円＋税

産業心理臨床実践

個（人）と職場・組織を支援する　心の専門家養成講座⑧　金井篤子［編］　産業領域で働く人々の心の問題の複雑化に心の専門家はどう対応できるか。理論的背景と基礎知識、実践内容も豊富に体系的に解説する。　　3100円＋税

わたしのキャリア・デザイン

社会・組織・個人　加藤容子・小倉祥子・三宅美樹［著］　労働にまつわる社会状況や心理学理論の解説から社会・組織・個人という視点を身につけ自分の生き方の主体的なデザインを目指す。　　2200円＋税

高校・大学から仕事へのトランジション

変容する能力・アイデンティティと教育　溝上慎一・松下佳代［編］　若者はどんな移行の困難の中にいるのか――教育学・社会学・心理学を越境しながら、気鋭の論者たちが議論を巻き起こす！　　2800円＋税

キャリアデザイン支援ハンドブック

キャリアデザイン学会［監修］　人の生涯＝キャリア形成に教育機関も企業組織も行政も本格参画支援する緒につく。そのための現状分析と方途の理論と実践を示す。　　3000円＋税

キャリアデザイン学への招待

研究と教育実践　金山喜昭・児美川孝一郎・武石恵美子［編］　自分の人生を主体的に選択するための学びとは。キャリアデザイン学におけるこれまでの研究を、多彩な教育実践とともに紹介。　　2200円＋税

キャリア開発の産業・組織心理学ワークブック【第2版】
石橋里美［著］　産業・組織心理学の好評ワークブック。第2版では変化し続ける社会や組織に適応して生きていくことを考えるワークと内容を追加。　　　2500円＋税

業界研究 学びのことはじめ
キャリア・エデュケーション・ワークブック　佐藤智明・矢島　彰・安高真一郎・山本明志・高橋泰代［編］　本書では、調べる力、分析する力にポイントをおきながら、就職活動に役立つよう業界研究の進め方について学びます。　　　2200円＋税

3訂　大学　学びのことはじめ
初年次セミナーワークブック　佐藤智明・矢島　彰・山本明志［編］　高大接続の初年次教育に最適なベストセラーワークブックをリフレッシュ。全ページミシン目入りで書込み、切り取り、提出が簡単！　　　1900円＋税

キャリア・プランニング
大学初年次からのキャリアワークブック　石上浩美・中島由佳［編著］　学びの心構え、アカデミック・スキルズはもちろんキャリア教育も重視したアクティブな学びのための初年次から使えるワークブック。　　　1900円＋税

自立へのキャリアデザイン
地域で働く人になりたいみなさんへ　旦まゆみ［著］　なぜ働くのか、ワーク・ライフ・バランス、労働法、ダイバーシティ等、グローバルに考えながら地域で働きたい人のための最新テキスト。　　　1800円＋税

自己発見と大学生活
初年次教養教育のためのワークブック　松尾智晶［監修・著］中沢正江［著］　アカデミックスキルの修得を意識しながら、「自分の方針」を表現し合い、問いかけ、楽しみつつ学ぶ機会を提供する初年次テキスト。　　　1500円＋税

コミュニケーション実践トレーニング
杉原　桂・野呂幾久子・橋本ゆかり［著］　信頼関係を築く、見方を変えてみる、多様な価値観を考える——ケアや対人援助などに活かせる基本トレーニング。　1900円＋税

中学生・高校生・大学生のための自己理解ワーク
丹治光浩［著］　自分の行動・思考の傾向を知り、未来の可能性を拡げよう！　楽しいグループワークと対人関係等に関わる質問紙テストを多数紹介。　　　1600円＋税